10,000 Lettres d'impression pour 1 centime.

BIBLIOTHÈQUE POUR TOUS
ILLUSTRÉE
ROMANS, HISTOIRE, VOYAGES, LITTÉRATURE, SCIENCES, ETC.

CHAQUE OUVRAGE COMPLET : **50** CENTIMES.

LA LORETTE MARIÉE

PAR MAXIMILIEN PERRIN

Prix : 50 centimes

60 CENTIMES POUR LES DÉPARTEMENTS ET L'ÉTRANGER.

PARIS
VIVAIN ET TOUBON, LIBRAIRES, RUE DU PONT-DE-LODI, 5
ET CHEZ TOUS LES LIBRAIRES DE PARIS, DES DÉPARTEMENTS ET DE L'ÉTRANGER.

N° 115. — Publié par J. Lemer.

PARIS, LÉCRIVAIN ET TOUBON, RUE DU PONT-DE-LODI, 5

BIBLIOTHÈQUE POUR TOUS
PUBLIÉE PAR J. LEMER

LA LORETTE MARIÉE
PAR
MAXIMILIEN PERRIN

I. — INTRODUCTION.

En entrant à droite, sous la porte cochère d'une maison de quatre étages, située rue Richer, à Paris, se voyait d'abord la loge ou, pour parler avec moins d'irrévérence, le logement de monsieur le concierge. Cet employé au cordon, factotum sergent de ville de l'immeuble et investi de la confiance de son propriétaire, était grand de taille, maigre comme une latte, de figure ovale et naturellement pâle, ornée d'un collier de barbe, d'une paire d'yeux de hibou, animal dont il avait le nez crochu. Ce bipède possédait une tendre moitié, au regard fauve, qui n'était ni moins longue, ni moins sèche, ni moins laide que lui. Notre portier intitulé Jean Corniquet, était avantagé d'une quarantaine d'années, et, ainsi que sa femme, d'un grand fond d'hypocrisie et de méchanceté ; enfin deux véritables serpents aux plis tortueux, esclaves du premier étage, soumis avec le second, à son aise avec le troisième, insolent et hautain avec les habitants du quatrième, autrement dire les mansardes, et généralement exécrés de tous les locataires dont les plaintes, ainsi que la lame impuissante frappant sur le rocher, al- laient vainement retentir aux oreilles du vieux célibataire, qui, dans la sœur de la femme Corniquet, avait rencontré une amie selon son cœur, une gouvernante pour tout faire.

Maintenant, gravissons le premier étage, et nous trouverons l'appartement de monsieur Narcisse Grivois, ci-devant jeune homme, d'une quarantaine d'années, petit de taille, grassouillet, paresseux, la tête ornée d'une rare chevelure d'un blond filasse, qui surmontait une figure assez laide.

M. Grivois a quinze mille livres de rente ; il est célibataire, libertin, coureur d'aventures galantes, et surtout grand joueur de Bourse.

Les soins de son ménage sont confiés au balai des époux Corniquet, qui sont à son égard d'une servilité outrée, et, en arrière, lui prodiguent les épithètes de ladre et de vieux polisson.

Au second étage, demeurait un monsieur Dorval et sa famille ; cette dernière se composait d'une femme fort belle malgré ses trente-cinq ans, puis encore, de deux jolies filles, fruits d'une douce et heureuse union.

La plus jeune, Stéphanie, comptait à peine seize ans, et

l'aînée, Armandine, dix-huit au plus. Cette famille était l'assemblage de toutes les vertus, les talents et les grâces.

Au troisième étage, se trouvait assez confortablement logé et meublé, M. Rodino, chef à l'administration des postes, personnage sournois, vindicatif, cupide, grand donneur de poignées de main, très-satisfait de lui-même et bête à manger du foin; par-dessus tout, grand amateur de successions qu'il lorgnait, mijotait, et escamotait quand même, avec autant d'adresse que de sang-froid; au total, monsieur Rodino était un parfait et dangereux jésuite, plus, digne époux d'une rabougrie, laide, jaune et dévote provinciale fréquentant l'église, faisant maigre trois jours par semaine, maussade par caractère, et ne se déridant jamais que pour sourire aux spoliations de son digne époux.

Ce couple intéressant était, ainsi que le locataire du second, propriétaire de trois filles d'une laideur phénoménale.

Passons au quatrième étage où résident deux demoiselles majeures, vivant en communauté, ne s'occupant que de leurs oiseaux, de leurs deux chats et de leur chien griffon, auxquels elles prodiguaient tous leurs soins et leur temps, puis montons vite au cinquième : là, dans une petite chambre, porte à droite, loge sous une mansarde de dix pieds carrés, tirant son jour par une lucarne à plat ventre sur le toit, M. Boudinot, âgé de vingt-quatre ans, brave jeune homme d'humeur joviale, bien avec tout le monde, excepté avec le portier Corniquet qui, méprisant en lui un petit locataire, se plaisait à lui faire de plates méchancetés, telles que de le laisser un quart d'heure dans la rue avant de lui ouvrir passé onze heures du soir, à lui remettre ses lettres le surlendemain de leur arrivée, de médire sur son compte dans tout le quartier, et le sachant chez lui, de le dire absent pour toutes les personnes qui venaient le visiter.

Boudinot possédait alors pour toute fortune ses appointements de quinze cents francs en qualité d'employé aux écritures, à l'administration du Mont-de-Piété.

La porte à gauche était celle d'une petite chambre sans cheminée, asile d'une jeune et gentille jeune fille, orpheline, mademoiselle Benjamine, âgée de dix-sept ans, ouvrière en broderies, jeune travailleuse, gagnant peu, mangeant de même, dissimulant sa misère sous un vernis d'exquise propreté. Le seul délassement que se permettait la pauvre petite Benjamine était de soigner, avec amour, quelques fleurs sur sa croisée ; mais les époux Corniquet, trop heureux de saisir l'occasion de faire du mal et du chagrin, s'étaient empressés, sous peine de congé, de signifier à la couson d'en-haut, ainsi qu'ils désignaient l'honnête et laborieuse Benjamine, qu'elle ait à enlever son petit jardin, sous le prétexte qu'en arrosant ses fleurs elle arrosait en même temps les personnes qui allaient et venaient dans la cour.

II. — UN PROCÈS ENTRE PARENTS.

C'était dans une matinée du mois de juin que le portier Corniquet, le balai et le plumeau sous le bras, venait de pénétrer silencieusement dans le salon de M. Narcisse Grivois, le locataire du premier, lequel encore étendu sur son lit et bercé par un doux songe d'amour, quoique la onzième heure fût sonnée depuis longtemps, et que les rayons d'un soleil brûlant vinssent inonder son alcôve après s'être introduits dans la chambre à travers les fentes des rideaux.

— Qui est là ? s'écria d'une voix flûtée, et, tout en se frottant les yeux, notre dormeur subitement arraché au sommeil par le bruit que faisait le concierge en époussetant et époussetant les meubles du salon, la pièce voisine de la chambre à coucher. — Moi, Corniquet, monsieur. — Ah! ah! entrez, mon cher.

Et sur cet avis, le concierge pénétra, humble et la casquette à la main, dans ladite chambre à coucher, pour venir près du lit saluer Narcisse Grivois, la tête couverte d'un foulard jaune, tourné en turban, et le visage enduit d'une espèce de pommade graisseuse, intitulée crème de beauté, dont la propriété consistait, au dire du charlatan qui la faisait pompeusement annoncer dans les grands journaux, à retarder ou effacer les rides du visage. — Quel singe? est-il laid ? murmura intérieurement Corniquet entre deux salutations et en fixant Narcisse Grivois, occupé en ce moment de passer un linge sur sa figure. — Que désire monsieur ? — Savoir s'il y a du nouveau chez les Dorval... Le mari est-il de retour? — Pas encore, et même on ne l'attend pas de sitôt; il paraît que les mauvaises affaires lui donnent du tintoin, que la fortune menace de filer, et que la potée va bientôt crier famine, répondit Corniquet en accompagnant ces mots d'un sourire satanique. — Comment? il se pourrait que ces gens qui, dit-on, possédaient une fortune de près de vingt mille livres de rente, soient menacés de la perdre... Comment diable! savez-vous cela, Corniquet? — Pas malin ; est-ce que ce n'est pas par les mains du concierge de la maison que passent d'abord les papiers timbrés que décoche l'huissier au locataire? — Ah! je comprends; vous lisez ceux qui vous sont remis. — Quelque peu ; par désœuvrement, et afin de bien apprécier la valeur de chaque locataire dans l'intérêt des termes à échoir. — Vous êtes indiscret, Corniquet, et je ne vous pardonnerai ce vilain défaut qu'à la condition de me faire connaître les affaires des Dorval, afin d'apprécier le parti que j'en puis tirer pour mon profit. — Quoiqu'il répugne singulièrement à un homme honnête, comme moi, de trahir le secret des familles, je consens, en faveur de l'estime et de la considération que je vous porte, en qualité de votre très-humble serviteur, à vous communiquer un aperçu de la position des susdits. Or, vous saurez donc que le sieur Dorval a fait, il y a quatre ans, l'acquisition d'une terre, située dans la Beauce, du prix de trois cent soixante-dix mille francs, laquelle propriété il a cédée, un an après, à un nommé M. Destigny, son beau-frère, mari de la sœur de sa femme, et cela, à prix coûtant, rien que pour faire plaisir audit beau-frère, auquel convenait fort cette propriété. L'affaire terminée, ledit sieur Dorval ayant placé l'argent provenant de cession, vivait, depuis ce temps, heureux et à l'aise, faisant fi du pauvre monde, au point de passer devant ma loge sans saluer ni moi ni mon épouse, lorsque le bon Dieu, qui se plaît à humilier les orgueilleux, vient de lui susciter une affaire diabolique, qui, je le pense, va mettre dans une affreuse débine les Dorval et compagnie. — Soyez donc bref, Corniquet, et allez au fait, fit Grivois impatienté. — J'arrive, monsieur, j'arrive ! Il paraît que le sieur Dorval, lorsqu'il fit ladite acquisition, ne prit pas toutes les précautions nécessaires en pareil cas, si bien qu'aujourd'hui le gouvernement, qui est doté des droits sur la propriété, attaque M. Destigny, le propriétaire actuel, en restitution, lequel, à son tour, attaque son beau-frère comme lui ayant vendu un bien qui ne lui appartenait pas : en sorte que si le sieur Dorval vient à perdre le procès, ce qui, Dieu merci, ne peut manquer d'arriver, toute la sainte famille sera ruinée et forcée de baisser le caquet, et voilà!... termina Jean Corniquet en riant aux éclats et se frottant les mains d'aise. — Hum ! fichue aventure pour ces pauvres gens qui, quoi que vous me disiez, maître Jean, sont, dit-on, de braves personnes, de bons parents, élevant dignement ses enfants, et jouissant de l'estime générale, fit Grivois pour reprendre aussitôt en ces termes : — C'est sans doute ce procès qui a contraint M. Dorval de se mettre en route si subitement ? — Comme vous le dites, afin d'aller corrompre les juges et se faire donner raison quand même, ce qui est une vilaine action... Mais ce que vous ne devinez pas, monsieur, c'est tout le parti que vous pouvez tirer de l'absence du mari et de sa ruine, vous qui êtes amoureux de dame Dorval. — En effet, je crois le moment propice pour me présenter chez cette jolie femme et lui glisser, dans la conversation, quelques mots du violent caprice que m'ont inspiré ses charmes et ses formes délirantes. Au surplus, j'ai cru m'apercevoir, lors de nos rencontres dans l'escalier, que ma politesse et l'expression agaçante de mes regards lui occasionnaient un aimable trouble... Corniquet, ayez soin de guetter l'instant de l'absence de ses filles la laissera seule au logis, et venez aussitôt m'en avertir. — Je n'y manquerai pas, et je profiterai de la circonstance pour rappeler à monsieur qu'il m'a promis un bon pour-boire, si mes services le mettaient à même de réussir auprès de ladite dame, fit humblement Corniquet. — Servez-moi avec zèle et adresse, et ma générosité ne vous fera pas défaut, répliqua Grivois pour ensuite congédier l'honnête portier. — Pourvu encore que la Dorval ne fasse pas la bégueule ; elle en est bien capable, quand ça ne serait que pour se procurer l'agrément de me faire perdre une récompense.

Ainsi murmurait Corniquet, en retournant au salon achever son ouvrage.

Tandis qu'il était dit ainsi au premier étage, au second et dans la chambre à coucher de l'appartement, était une tendre mère entourée de ses deux jeunes filles, anges beaux et gracieux, qui groupés autour d'elle, s'efforçaient d'adoucir, par leurs consolantes paroles et leurs douces caresses, le chagrin et l'inquiétude que lui causait une lettre qu'elle venait de recevoir et de lire; lettre désolante, en effet, tracée de la main de M. Dorval, son mari, et dans laquelle il lui faisait part des vives inquiétudes que lui inspirait la tournure que prenait son procès, ainsi que de la froideur avec laquelle l'avait accueilli M. Destigny, son beau-frère, lorsqu'il s'était présenté chez lui aussitôt son arrivée à Chartres.

Cette lettre d'un bon époux et d'un bon père se terminait par ces mots, placés là comme un baume consolateur :

« — Chère amie, garde-toi de t'abandonner au découragement; espère, espère encore; mais si, contre toute justice, nous venions à perdre cet injuste procès qui est venu si malencontreusement troubler notre douce quiétude, souviens-toi, ma chère femme, que Dieu n'abandonne jamais les honnêtes gens, et que, grâce aux quelques talents que nous possédons, avec le courage et la résignation, il nous sera encore permis de connaître de bons jours et d'achever l'éducation de nos chères filles. »

— Eh bien ! tu le vois, bonne mère, papa espère encore ; et puis, comme il le dit, s'il le faut, nous travaillerons, nous gagnerons de l'argent, et nous serons heureux, disait Armandine, l'aînée des deux filles, en entourant de ses bras caressants le cou de madame Dorval. — Moi, je serai professeur de musique, je donnerai des leçons de piano, dit Stéphanie tout en appuyant sa joue rose sur la figure de sa mère. — Chères petites ! je ne doute nullement de vos bonnes intentions ni de votre courage ; mais comme dit votre excellent père, espérons que le malheur se détournera de vos jeunes têtes... — Je pense ainsi que toi, maman ; et, quand bien même nous perdrions ce vilain procès, mon oncle ne serait pas assez méchant pour vous dépouiller inhumainement de tout ce que vous possédez. Oh ! certainement, qu'il aurait pitié de la sœur de sa femme et de ses petites-nièces. — Bonne Armandine ! ton excellent cœur juge celui des autres d'après lui; mais, hélas! il ne faut pas s'illusionner !... M. Destigny est un homme sévère, quelque peu intéressé, qui ne rendit pas ma pauvre sœur très-heureuse, et depuis que la mort la lui a ravie, s'est empressé de rompre avec nous toutes relations amicales; pourquoi? je l'ignore, car votre père et moi, mes enfants, nous n'avions jamais cessé de lui témoigner la plus vive amitié. — Aussi, grâce au caprice qui a passé par la tête de ce méchant oncle de ne plus vous aimer, ni de ne plus nous voir, nous ne connaissons ni lui ni son cher fils, notre cousin, qu'on dit être un fort gentil jeune homme, observa boudeusement Stéphanie. — Dame ! notre oncle ne nous trouve peut-être pas d'assez bonne compagnie pour monsieur son fils ; et pourtant, s'il voulait prendre la peine de venir s'en assurer lui-même, il verrait que nous sommes des jeunes filles fort aimables, dit Armandine en souriant.

III. — INTÉRIEUR.

— Un yard et un yard, ça fait deux yards, madame Macheret ; et v'là pourquoi qu'est-ce, à présent, je vais de préférence chez le boucher de la rue Trévise, le mien que j'avais d'abord m'ayant fait payer deux grammes de plus que ne pesait mon dernier pot-au-feu. Je n'aime pas les gens indélicats, voyez-vous.

Ainsi disait madame Rodino, l'épouse de l'employé à l'administration des postes, à sa femme de ménage, qu'elle poursuivait de chambre en chambre, afin d'observer ses mouvements et de mettre vivement sous clef, vin, sucre et pain, pour, sans doute, garantir la pauvre servante de toutes tentations préjudiciables à ses intérêts.

Un coup de sonnette se fit entendre, c'était M. Rodino qui rentrait pour déjeuner. Ce aimable bureaucrate avait pour habitude de prendre ce repas sans madame son épouse, qui prétendait que deux déjeuners à la fourchette étaient chose ruineuse et très-préjudiciable aux cinq mille francs d'appointements de son mari : aussi la dame se contentait-elle d'assister audit repas, en grignotant une mince tartine de pain légèrement beurrée ou confiturée.

— Ne mangez donc pas aussi vite, monsieur Rodino, disait la dame Rodino qui avait cessé de tutoyer son mari, depuis qu'il lui avait fait une grosse infidélité avec la grosse moitié de l'un de ses prétendus amis. — Avez-vous oublié, madame, que mon bureau réclame ma présence et que, avant d'y retourner, il me faut aller faire une petite visite aux demoiselles Rabus, nos voisines du carré.

Il est bon de dire tout de suite, pour l'intelligence du lecteur de cette véridique histoire, que les demoiselles Rabus, étaient alors deux vieilles filles vivant d'une pension que leur payait, à titre de dédommagement, pour avoir commis le gros péché de leur donner l'existence, certain vieux notaire retiré, qui avait été jadis le protecteur de leur défunte mère.

Mademoiselle Elisa Rabus, ornée d'une trentaine d'années, d'une paire de moustaches de grenadier, de deux yeux passablement grands, mais fort insignifiants, plus, de deux petites jambes que surmontait un long buste, était une fille douce, confiante et débonnaire.

Quant à sa sœur, avantagée de quarante printemps et d'autant d'hivers, d'une figure citron, deux grands yeux cernés, elle était en plus affligée de la maladie, dite danse de Saint-Gui, laquelle maladie se manifestant par la voix et le geste, faisait fréquemment pousser à la pauvre fille de rauques hurlements accompagnés de violents mouvements : le tout, à la grande frayeur et aux grands ébahissements des étrangers qui l'abordaient pour la première fois.

— Je ne devine pas quel avantage vous espérez tirer de vos continuelles assiduités auprès de ces deux laidrons, qui n'ont rien à elles, si ce n'est leur mesquin mobilier, répondit avec aigreur madame Rodino à son mari. — En vérité, Madame, vous ne savez rien prévoir. Ces filles possèdent peu pour le quart d'heure, cela est vrai ; mais le soi-disant père peut venir à décéder et leur laisser une part dans son testament; elles sont toutes deux d'une fort mauvaise santé; alors, à qui pourraient-elles laisser leur petite fortune, si ce n'est à nous qui les aurons soignées, mijotées et caressées? Allez ! allez ! laissez agir plus malin que vous, et l'avenir est là pour me donner raison, couronner mes calculs du plus heureux succès. Hi ! hi ! hi ! — Ah ! ça, à quoi en êtes-vous avec votre vieille tante de Bougogne? interrogea la dame en interrompant le rire homérique auquel se livrait en ce moment son digne époux. — Au mieux, car la simpiternelle dévote, à laquelle j'ai fait savoir par une lettre touchante que nous avions résolu de placer nos filles au couvent, a pensé mourir de joie. — Lui avez-vous parlé de votre sœur ? — Certes ! je lui en ai dis le plus de mal possible. — Très-bien! Vous lui faites sans doute part de la misère dans laquelle elle se trouve réduite en ce moment? — Pas le moins du monde, voulez-vous donc que j'attendrisse la dévote de façon à ce qu'elle teste en sa faveur! Non pas, non pas! à nous l'héritage tout entier, ainsi qu'elle m'en a fait la promesse lors de la dernière et secrète visite que je lui fis l'an dernier, hi ! hi ! hi ! — Est-ce que vous ne feriez pas sagement, afin d'emboîner plus tout-à-fait cette chère tante aux écus, de m'envoyer passer quelques mois auprès d'elle, durant lesquels je l'édifierai par ma sainteté et mon exactitude à assister, en sa société, aux offices de l'Église? — Très-bien ! fort bien ! surtout en n'oubliant pas de noircir adroitement ma sœur dans son esprit infirme, qui ne peut manquer de prendre au sérieux toutes les niaiseries que vous lui débiterez, répliqua vivement le jésuite mari, en ajoutant, à sa digne femme, qu'elle ait à tout disposer pour son prochain départ pour la Bourgogne et la petite ville de Seurre qu'habitait la sainte tante en question.

Sortons de l'antre de cupidité et d'hypocrisie de l'employé des postes, et jetons un coup d'œil, en passant, dans le sanctuaire des sœurs Rabus, où rien de curieux ne peut nous arrêter longtemps.

Mademoiselle Eugénie Rabus, l'aînée des deux, la fille au teint jaune, à la danse de Saint-Gui, travaille en ce moment à un ouvrage de tapisserie, en s'enfonçant son aiguille dans les doigts à chaque soubresaut que lui occasionne la fâcheuse maladie; cela, tandis que sa sœur Elisa, accroupie devant la cheminée, s'empresse d'accommoder un ragoût de mouton destiné à leur dîner.

Les deux sœurs, tout en s'occupant, s'entretiennent des qualités de M. Auguste Rodino, et se félicitent mutuellement de l'amitié qu'elles ont su inspirer à cette sangsue, qui ne sait que sucer le bien d'autrui, sans jamais dégorger, et auquel les confiantes créatures prodiguent l'épithète flatteuse d'homme vertueux et désintéressé.

Passons et atteignons vite la quatrième étage. Inutile de frapper chez Boudinot, le jeune homme doit être en ce moment à son bureau ; non, car nous entendons et reconnaissons le son de sa voix chez la gentille voisine, mademoiselle Benjamine, la brodeuse.

Entrons, la clef est sur la porte. Boudinot est assis respectueusement en face de la jeune fille qui travaille, et sur laquelle il fixe un regard où se peignent le désir et l'admiration.

— Mademoiselle Benjamine, si vous vouliez m'en croire, vous quitteriez votre ouvrage pour venir avec moi faire un tour à la campagne, petit plaisir que me permet le congé que m'a donné mon chef de bureau. — Ah! bien oui! que dirait-on dans le quartier, mon Dieu! si l'on me voyait sortir avec vous, et surtout nos méchants portiers, qui ne manqueraient pas d'aller le proclamer en tout lieu. — Eh bien! faisons mieux, mademoiselle, permettez-moi d'aller vous attendre sur le boulevard, par exemple; de cette façon, les gens du quartier ne sauront rien. — Est-ce à moi, monsieur Boudinot, que vous osez faire une semblable proposition? répondit Benjamine en fixant le jeune homme d'un regard demi-sévère. — Mais oui, à vous... Y a-t-il du mal à cela? — Beaucoup, monsieur, car je ne sais où vous avez appris qu'une fille sage et qui se respecte donne ou accepte un rendez-vous d'un jeune homme, qui n'est ni son parent ni son... prétendu. — En vérité, vous êtes d'une trop grande susceptibilité, mademoiselle, fit le jeune homme, car enfin, si je ne suis, comme vous venez de le dire, ni votre parent ni votre prétendu, il ne tient absolument qu'à vous de m'investir de cette dernière et précieuse qualité, que je sollicite auprès de votre bon petit cœur. — Alors, s'il est vrai, mais bien vrai, que vous m'aimiez, ainsi que vous le dites, ne cherchez donc pas à me rendre indigne de votre estime en essayant de m'entraîner dans une fausse démarche, qui nuirait à ma réputation, le seul bien que je possède. — Mon Dieu! ferions-nous plus mal dehors que nous ne faisons ici, dans votre chambre, où vous consentez à me recevoir. — Je ne pense pas, mais le monde... Et puis, monsieur Boudinot, j'attends ma sœur qui m'a promis de venir me voir aujourd'hui. — Ah! oui, votre sœur, cette belle et élégante dame de Saint-Amour; hélas! quelle différence entre elle et vous, chère Benjamine! fit Boudinot avec tristesse. — Ma sœur est bonne, elle m'aime bien, monsieur : ceci me commande d'être indulgente, et... — De la plaindre, reprit vivement Boudinot. — Pitié pour la pauvre fille, monsieur, qui, ainsi que moi, n'a pu se soumettre à l'odieuse misère, de qui le cœur a failli à l'ouvrage, termina tristement la jeune fille. — Laissons ce sujet qui vous afflige, mademoiselle Benjamine; et puisque vous refusez la promenade que je vous offre, permettez-moi au moins que je passe près de vous le reste de cette journée, afin de pouvoir vous entretenir, tout à mon aise, de l'amour et de l'admiration que m'ont inspiré votre sagesse et votre beauté. — Monsieur Boudinot, je ne puis vous accorder cela, car, je vous l'ai dit, j'attends ma sœur avec laquelle je désire m'entretenir sans témoin, acheva timidement la jeune ouvrière. — C'est-à-dire que vous me priez, le plus poliment possible, de céder la place à madame de Saint-Amour. J'y consens, mais vous serez assez bonne, sans doute, pour me permettre de venir passer la soirée auprès de vous, et de vous achever ce joli roman de Frédéric Soulié, qui vous plaît tant. — Volontiers, mais à la condition que vous vous retirerez à dix heures précises. — C'est convenu, répondit Boudinot, tout en se levant pour prendre congé de Benjamine.

Comme le jeune homme regagnait sa chambre située, ainsi que nous l'avons déjà dit, en face de celle de Benjamine, un élégant petit coupé de louage, entrait à grand bruit dans la cour de la maison, et venait s'arrêter au perron de l'escalier.

M. et madame Corniquet s'empressèrent de mettre le nez aux carreaux de leur loge, et, reconnaissant aussitôt la dame qui descendait de la voiture, tous deux s'empressèrent de hausser les épaules avec mépris.

— Oui, c'est cette catin qui fait son esbrouffe, la sœur de la mijaurée d'en haut. Dieu me pardonne, ça fait suer, parole d'honneur... Ça va en voiture, c'est harnaché de soie et de dentelles, quelle pitié!... Dis donc, Jean, ce me semble que nous ne devrions pas permettre à de semblables pas grand'chose d'entrer en voiture dans la cour, disait la portière en grimaçant son sourire d'hyène, tandis que la dame à la voiture, leste comme une gazelle, montait les marches tout en fredonnant un refrain de polka, et allait se heurter contre M. Narcisse Grivois qui descendait l'escalier. — Pardon, monsieur, je ne vous voyais pas. Et, tout en disant, la dame passait comme l'éclair, sans encore s'apercevoir que Narcisse Grivois, frappé de sa bonne mine, de sa grâce et de son élégance, la suivait des yeux tout en lui décochant un : il n'y a pas de mal, charmante dame.

Après avoir atteint le quatrième, c'est à la porte de Benjamine que s'en fut frapper la dame.

— Ah! c'est toi, Suzanne? dit l'ouvrière. — Oui, chère sœur... Fichtre! qu'il y a haut à monter pour atteindre ton perchoir, disait Suzanne, entrée dans la chambre, et tout en se débarrassant de son chapeau ainsi que de son riche mantelet. — Que veux-tu, chacun se loge selon ses moyens... Assieds-toi, Suzanne, et reçois mes remerciments de la bonne et rare visite que tu daignes me faire aujourd'hui. — Benjamine, bonne petite sœur, je t'aime bien, va! Et c'est justement la raison pour laquelle il m'en coûte de venir contempler l'aspect de la misère où te plongent tes sots et niais scrupules. — Hélas! Suzanne, tout le monde ne se sent pas, ainsi que toi, le courage de braver l'opinion, et surtout d'oublier les bons conseils donnés par une mère vertueuse à son lit de mort. — Benjamine, si tu commences à moraliser, je m'en vais aussitôt, dit Suzanne avec humeur, en se soulevant de la chaise sur laquelle elle venait à peine de se poser. — Reste, je me tairai, fit vivement Benjamine en retenant sa sœur. — C'est que, chaque fois que nous nous voyons, tu te fais, je crois, un malin plaisir de me contrarier. Est-ce donc de ma faute si, comme toi, je n'ai pu me condamner froidement à la misère, à me tuer les yeux et le corps en travaillant quinze heures sur vingt-quatre, pour gagner un salaire insuffisant à mes plus impérieux besoins? Est-ce encore de ma faute si, dans chaque homme qui l'aborde, une pauvre fille un peu passable, au lieu de rencontrer un bienfaiteur, un ami qui lui tende une main honnête et secourable, elle ne rencontre qu'un amant qui lui offre de l'or en échange de son honneur! Non, comme toi, pauvre sœur, je n'ai pas eu la force de me condamner à souffrir la faim et le froid, tout en m'exténuant par un travail ingrat, et cela pourquoi?... Pour le plaisir d'entendre un monde imbécile vanter ma vertu tout en me laissant mourir d'inanition. — Suzanne, Dieu me voit; sa bonté infinie me tiendra compte de mes actions sur la terre; Dieu, qui protège les honnêtes gens aura pitié de la pauvre et sage ouvrière. — Tu as dix-sept ans, sœur; et sans regret, sans crainte, tu te condamnes à une longue et douloureuse existence, cela est sublime, j'en conviens d'autant plus, que si tu voulais, Benjamine, avec ta jolie figure, tes yeux charmants, ta taille svelte et gracieuse, il te serait facile d'être riche et heureuse, en acceptant, ainsi que je l'ai fait, les bienfaits d'un jeune et gentil protecteur qui t'aimerait, te comblerait de tous les dons de la fortune : alors, plus de travail pénible pour toi, plus de ces longues veilles qui fatiguent tes beaux yeux, plus de privations aucunes, mais, en revanche, le luxe, le plaisir, l'adoration d'un monde aimable et galant. — Tais-toi, serpent! car c'est vainement que tu cherches à me tenter, répondit Benjamine en souriant, pour ajouter, en prenant dans la sienne la main de sa sœur : Suzanne, cette existence dorée que tu t'efforces de faire briller à mes yeux ne peut avoir qu'un temps, car les charmes passent, la vieillesse arrive pour congédier les amours; et c'est alors que les plaisirs s'envolent avec la richesse, pour ne plus laisser au fond du cœur que la honte et le regret. — Je conviens que, pour qui n'a point amassé pour l'âge mûr, ce revers de médaille est effreux. — C'est l'hôpital et la mort, reprit Benjamine. — C'est possible; mais réserves-tu un avenir plus heureux à l'ouvrière? Si les amants s'envolent avec la jeunesse, n'en est-il pas de même du travail lorsque l'ouvrière vieillit, et que chacun, la jugeant alors incapable, refuse de l'employer? quelle ressource donc lui reste-t-il? L'hôpital, ainsi qu'à la courtisane : la seule différence, c'est que l'une y marche par une route parsemée de joie et de plaisir, et l'autre par une route tout hérissée de douleurs et de privations. Tu vois bien, Benjamine, que les extrêmes se touchent. — Oui, cela arrive, j'en conviens, mais ne m'effraie pas. Sais-tu pourquoi? Parce que je crois en Dieu, et que je place toute ma confiance en lui.

Suzanne ne répondit à ces pieuses paroles que par un sourire dédaigneux; puis, tirant une bourse de sa poche pour la présenter à Benjamine :

— Tiens, dit-elle, petite sœur, accepte ceci : c'est mon cœur qui te l'offre. — Merci, Suzanne; cet or, qui vient d'une source impure, souillerait les mains, répondit sèchement Benjamine en repoussant la main de sa sœur. — Double sotte! fit Suzanne avec colère, en rougissant et en se levant vivement. — Quoi! tu me quittes déjà; tu es fâchée contre moi, Suzanne? Ah! je t'en prie, sœur, pardonne-moi si je t'ai offensée, reprit Benjamine d'un ton suppliant. — Volontiers; mais à une condition, c'est que tu viendras demain dîner avec moi. — Je ne puis, Suzanne, c'est si beau chez toi; tu reçois du monde, et ma mise est si modeste. Ainsi s'excusait Benjamine, qui, dans la crainte de blesser de nouveau sa sœur, n'osait lui avouer le véritable motif de son refus. — Encore un refus? Mais c'est du dernier ridicule! En vérité, tu deviens d'une timidité, d'une pruderie à faire pitié! Mais, retiens bien ceci : si demain, vers six heures du soir, tu n'étais pas rendue à mon invitation, je me brouille avec toi, et ne te revois jamais. — Hélas! tu n'auras pas cette cruauté? — Je l'aurai! répliqua séchement Suzanne, pour ensuite prendre congé de sa sœur, en lui répétant : à demain ou jamais!

Sous le péristyle de l'escalier, et comme elle se disposait à remonter dans sa voiture, Suzanne fut fort surprise de voir un ci-devant jeune homme, bien frisé, bien bichonné et le sourire sur les lèvres, lui offrir la main. C'était M. Narcisse Grivois qui, après avoir vu partir Suzanne, s'empressa d'entrer dans la loge du portier.

— Coriquet! la haine que vous portez à tout le genre humain vous aveugle et rend injuste. Cette Suzanne, que vous me disiez laide, tout à l'heure, est une femme ravissante, de laquelle je vous charge de m'apprendre la demeure.

Cela dit, Narcisse tourna le dos à l'estimable concierge, et quitta la loge pour monter au second étage.

IV. — UN COUREUR DE FEMMES.

— Madame, c'est le monsieur du premier qui vient vous visiter; faut-il l'introduire? — Oui, faites entrer, Marie, répondit à sa servante madame Dorval, malgré la surprise que lui causait la visite d'un personnage qu'elle ne connaissait que pour s'être rencontré avec lui sur l'escalier, et après avoir échangé un mutuel salut.

Introduit par la servante, Narcisse se présente leste et souriant au salon où il trouve madame Dorval seule en ce moment, et qui, pour l'accueillir, s'empresse de quitter la broderie qu'elle tenait à la main.

— Permettez, belle dame, à l'un de vos voisins et admirateurs, qui n'a pu résister plus longtemps au désir de faire votre connaissance, de vous présenter ses humbles hommages. — Soyez le bienvenu, monsieur, et croyez que je regrette infiniment l'absence de mon mari, qui se serait fait un devoir et un plaisir de vous accueillir, dit la dame en indiquant à Narcisse un siége près du sien, et sur lequel se jette notre visiteur avec aisance et sans façon, après l'avoir encore plus rapproché de celui de sa voisine. — Merci, madame, merci cent fois de votre gracieuseté... Mais je n'aperçois pas vos demoiselles, ce charmant troupeau dont je vous croyais inséparable. — Mes enfants, monsieur, sont allées remplir leur pieux devoir à l'église, où une légère indisposition m'a empêchée de les accompagner aujourd'hui, répondit madame Dorval, tout en fixant sur Narcisse un regard interrogateur qui semblait dire : « Quoi vous amène ici? Que me voulez-vous? » — Savez-vous, madame, que l'univers entier ambitionne le bonheur du mari qui possède en vous la femme la plus charmante, reprit Narcisse empressé d'arriver au but qu'il se proposait d'atteindre. — Merci de cette galanterie, monsieur, à laquelle était loin de s'attendre une mère de famille, répondit la dame en souriant. — Vénus, pour être la mère des amours, en est-elle moins belle et moins adorable? — Vénus, à l'immortalité, joint encore une jeunesse et une beauté éternelles, tandis que moi, pauvre et faible mortelle, soumise aux lois de la nature, avec l'âge, j'ai vu mes quelques charmes se flétrir sans regret et, avec bonheur et orgueil, se reproduire sur les charmants visages de mes chers enfants. Vous voyez, monsieur, qu'il y a en tout une heureuse compensation. — Eh bien! madame, vous êtes mille fois, trop modeste, et pour bien vous convaincre que vous n'avez cessé d'être une fort jolie femme, digne d'inspirer l'amour le plus violent, le plus sincère, le plus fidèle, donnez-vous la peine de consulter votre miroir.

En disant ainsi, Narcisse avait fait faire un pas de plus à son fauteuil et forcé la dame de reculer le sien ; plus même, le hardi visiteur avait essayé de s'emparer de la main de madame Dorval, qui s'était empressée de la soustraire à ce téméraire attouchement.

— De grâce, Monsieur, laissons un entretien qui ne convient ni à mon âge, ni à ma condition de femme et de mère de famille. — Alors, madame, si vous ordonnez qu'on soit insensible et de glace près de vous, cessez donc d'être belle. — Encore! je vous en prie, monsieur, fit madame d'Orval avec un ton sévère qui intimida notre galantin. — Soit!... Madame, puisque votre modestie est telle qu'elle repousse même le culte que votre perfection a le droit d'attendre et d'exiger de tout galant homme, causons de cette solitude où vous plonge l'absence d'un mari, de cette captivité à laquelle vous condamne un manque de cavalier, et daignez me permettre de vous faire part des bonnes intentions qui m'ont guidé vers vous. — Je vous écoute, monsieur. — Je suis célibataire, madame, et grâce à ma fortune, entièrement maître de mon temps, comme de satisfaire tous mes goûts et caprices. Or, je me suis dit ce matin, en vous apercevant triste et pensive à votre fenêtre : « Narcisse, voilà une charmante petite femme qui s'ennuie ; il est donc de ton devoir, de ton devoir, en ta qualité d'homme aimable et galant, d'aller la distraire, et de mettre à sa disposition ta personne et tout ce que tu possèdes d'amabilité, » et je suis venu, madame. Me voilà à vos ordres : qu'exigez-vous? une promenade au bois, le spectacle, le concert : parlez, trop heureux si par mon dévoûment je puis parvenir à vous être agréable, à mériter une petite place dans votre estime! — En vérité, monsieur, je ne puis être que fort reconnaissante d'un semblable dévoûment, ainsi que des offres obligeantes que ma position d'épouse et de mère me contraint de refuser, étant redevable de tous mes instants aux soins qu'exige ma jeune famille, dont l'amour, les caresses, la douce et folâtre joie ont seuls le pouvoir de me faire supporter l'absence d'un mari aimé, et de distraire ma pensée contre le souci qui tenteraient de l'attrister. Cependant, monsieur, le retour et la présence de M. Dorval, que j'ose espérer très-prochainement, permettront sans doute à la famille de vous compter au nombre des amis de la maison. Mais, jusque-là, veuillez me pardonner si, n'osant user d'un droit qui appartient seul à un père, à un mari, je me vois forcée de vous prier d'ajourner vos visites amicales jusqu'au moment où il sera permis à M. Dorval d'en jouir et de vous en remercier, prononça la dame en se levant la première, ce qui contraignait Narcisse Grivois, tant soit peu contrarié, d'en faire autant, et, après quelques paroles balbutiées assez maladroitement, de prendre congé de madame Dorval, qui poussa la politesse jusqu'à le reconduire sur le carré. — Marie, si ce monsieur se présentait ici avant le retour de mon mari, ayez le soin de lui dire que je suis absente ou malade, et, aussitôt rentrée chez elle, madame Dorval à sa servante. — Décidément, cette femme est une prude, que je finirais cependant par apprivoiser, se disait Narcisse Grivois en fourrant sa clef dans sa serrure... Eh! mais, j'y pense, reprit-il, si, pendant que je suis en esprit de conquête, je grimpais jusqu'au quatrième étage essayer un peu à quel degré s'élève la vertu de la petite grisette?... C'est dit, allons-nous encanailler quelques instants, ne fût-ce que pour tuer le temps.

Narcisse rentre chez lui pour ouvrir un tiroir et en sortir quelques cravates qu'il fourre dans sa poche, et, cela fait, notre mûr Céladon s'en va frapper au quatrième, à la porte de Benjamine, qui vient lui ouvrir tout en fredonnant un gai refrain.

— Mille pardons! ma chère petite voisine, de la liberté que je prends de vous importuner ; mais ayant entendu dire que votre travail ressemble à celui d'une fée, je me suis décidé à venir vous confier la broderie de quelques-unes de mes cravates.

Tout en disant ainsi, Narcisse, en pénétrant dans la chambrette, sortait lesdites cravates de sa poche, pour les présenter à la jolie fille qu'il dévorait des yeux.

— Merci, monsieur, pour avoir daigné penser à moi... Etes-vous bien pressé de cet ouvrage? — Mais non, pas trop; seulement je désire que cette broderie soit riche et de bon goût; et à cet effet, je solliciterais de votre complaisance la permission de venir de temps à autre admirer le dessin; en qualité de voisin et de pratique... Qu'en dites-vous? mon bel ange radieux, termina Narcisse en prenant subitement le menton de Benjamine, qui offensée de cette familiarité se recula vivement. — Allons, allons! pas de crainte ma charmante; j'aime à rire il est vrai, mais je suis un bon enfant qui adore votre sexe enchanteur et se plait à lui rendre hommage... A propos, j'ai eu ce matin l'inestimable avantage de rencontrer et d'admirer votre charmante sœur, une femme superbe et radieuse... Où demeure-t-elle? ajouta Narcisse en s'allongeant sans façon sur la chaise où il s'était placé. — Je ne puis vous répondre, monsieur, car je pense que ma sœur serait peu satisfaite si j'indiquais sa demeure sans sa permission. — Savez-vous, bel ange, que vous êtes charmante, et ne le cédez ni en grâce ni en beauté à ladite petite sœur? D'honneur, je suis presque tenté d'être amoureux et de vous faire ma cour. Peut-être seriez-vous enchantée de quitter ce taudis dans

lequel vous végétez... Allons, parlez, autorisez ma flamme, et je vous lance dans le monde, fit tout d'un trait et d'un accent rempli de fatuité notre célibataire. — J'ignore, monsieur, ce qui vous autorise à me parler avec cette inconvenance, et comme toute demande exige une réponse, voilà la mienne : Je refuse votre hommage, et je ne vous autorise qu'à être désormais plus respectueux envers les filles honnêtes qui, comme moi, travaillent pour vivre et ne se vendent pas. Maintenant, monsieur, reprenez vos cravates et recevez mes salutations, répondit en souriant Benjamine tout en allant ouvrir sa porte. — Quoi ! vous vous fâchez, vous me chassez ! Vous ignorez donc, petite cruelle, que je suis célibataire, que je possède quinze mille livres de rente, que je suis capable des plus grandes folies pour la femme que j'honorerai de mon amour, et qui daignera y correspondre ? — Monsieur, vous me faites perdre mon temps à vous écouter, et j'ai à terminer un ouvrage des plus pressés.
— Ainsi, c'est bien décidé, vous ne voulez ni de mes cravates ni de mon cœur ? — Ni de l'un ni de l'autre, mon voisin. — Cependant, il m'est venu à l'oreille que la gentille Benjamine n'était pas aussi sévère à l'égard d'un certain petit employé, nommé Boudinot, qu'elle admet clandestinement dans sa chambrette, reprit Narcisse Grivois d'un ton où perçaient le dépit et l'ironie. — Clandestinement, dites-vous ? vous faites erreur, monsieur Narcisse Grivois, car ce petit employé est autorisé par moi à venir dans ladite chambrette, à la face du soleil, à toute heure qu'il lui plaît. — Permettez-moi alors d'avoir ce doux privilège. — Ce privilège, je l'accorde à tous les gens honnêtes, car je suis bonne fille, et j'aime qu'on me distraie ; mais je le supprime brusquement à ceux qui s'autorisent de ma pauvreté pour venir m'insulter chez moi par un langage inconvenant. — Voyons, voyons, petite voisine ! ne vous fâchez pas si fort contre moi. Je conviens que j'ai eu tort. Je suis si lovelace, si entreprenant !... Allons ! faisons la paix ; touchez-là ! et si en moi vous refusez un amant, acceptez au moins un ami, dit Narcisse en présentant à Benjamine une main amicale dans laquelle elle plaça la sienne. — Voilà le langage que j'aime, et qui me plaît. Rendez-moi vos cravates, et je m'engage à vous les faire les plus belles possible. — Les voilà, petite mignonne ! et brodées de vos mains, elles me seront cent fois précieuses, soit dit sans vous fâcher. — Maintenant que nous sommes bons amis, avouez que ce sont les vilains propos de nos méchants portiers qui vous autorisaient à me manquer de respect ! — Comme vous le dites, toute belle, ces Corniquet sont de viles canailles, ne ménageant personne, et auxquels je finirai par retirer ma protection. Ces méchants n'épargnent même pas cette bonne madame Dorval, la femme la plus vertueuse et la meilleure des épouses et des mères. — Cela est infâme ! fit Benjamine avec indignation.
Comme Benjamine terminait ces mots, la porte, qui la paix faite avait été refermée, s'ouvrait pour donner entrée à Boudinot sur les traits de qui se peignirent la surprise et le mécontentement en apercevant et reconnaissant Narcisse.
— Vous êtes en société, mademoiselle Benjamine, excusez mon indiscrétion ; je me retire, dit le jeune homme en faisant un pas en arrière. — Mais du tout, entrez, monsieur Boudinot, vous n'êtes pas de trop, et soyez le bienvenu comme toujours, dit la jeune fille en souriant pour reprendre en ces termes : C'est monsieur Narcisse, notre voisin, qui ayant eu la bonté de penser à moi, m'apporte des cravates à broder. — Et qui, sans doute, profite de l'occasion pour vous faire un petit doigt de cour, car, dit-on en tous lieux, notre voisin est un aimable et dangereux séducteur.
— Comment ! on dit cela ? mon cher monsieur Boudinot ?
— Mais oui, et à juste titre, voisin, car moi qui vous parle, j'ai souvent eu bruit de vos nombreuses conquêtes. — Ah ! vous me flattez, voisin, vous me flattez ! fit Narcisse ivre de joie, lequel prenait pour argent comptant ce qui n'était qu'un persiflage de la part du jeune homme. Tenez, voisin, reprit le prétendu lovelace, je suis enchanté de trouver l'occasion de faire connaissance avec un aimable garçon tel que vous. Agissez donc sans façon avec moi et sans vous laisser intimider par mes quinze mille livres de rente, venez me voir, me demandez à déjeuner quand bon vous plaira.
— Vous avez des rentes ! Raison de plus pour que je vous fréquente, car j'honore les gens cossus ; or, vous m'allez. Touchez-là, voisin !
Et tous deux se pressèrent la main amicalement, à la grande surprise de Benjamine qui ne pouvait deviner d'où provenait chez Boudinot cette grande et subite expansion d'amitié pour M. Narcisse Grivois qui, dans tout le quartier, passait pour un homme égoïste et un libertin de mauvaise vie.

V. — Chez Suzanne.

Un délicieux et coquet appartement, situé à un entresol de la rue de Provence et dans un petit salon meublé de soie, de velours, de dentelles, et qu'embellissent encore mille chinoiseries de très-bon goût, rangées sur d'élégantes étagères, est Suzanne en coquet négligé, couchée paresseusement sur un soyeux divan, et en train de parcourir un roman du jour.
— On sonne ; sans doute ma petite sœur qui se rend à mon invitation, et n'aura pu résister à mes menaces d'hier. La pauvre enfant ! elle m'aime tant ! quoiqu'elle me moralise sans cesse.
Ainsi pensait Suzanne, jeune et jolie fille de vingt-deux ans à peine, aux grands yeux noirs, à la bouche vermeille et meublée de deux rangées de dents admirables par leur blancheur et leur régularité, est Suzanne, ange déchu, qui n'estimait rien plus que le dolce farniente, le luxe, la toilette ; dont le cœur banal s'ouvrait et se donnait au plus offrant et dernier enchérisseur.
— Madame, c'est un ex-jeune homme, d'assez bonne tournure, qui demande à vous voir, s'en vint dire une servante d'une quarantaine d'années, après avoir entr'ouvert la porte. — Et comment se nomme ledit ex-jeune homme ? s'informa Suzanne avec calme et sans changer de position.
— Monsieur Narcisse Grivois ; son mot de passe, a-t-il dit, est : Quinze mille livres de rente. — Ce bipède m'est tout-à-fait étranger, mais son mot de passe me donne toute confiance : Fais entrer, Marguerite. — Me pardonnerez-vous, belle dame, de n'avoir pu résister au désir de venir vous présenter mes respectueux hommages, cela, en passant par hasard devant votre porte, dit Narcisse pimpant, guilleret et souriant en venant d'un pas vif et léger saluer Suzanne qui, après l'avoir examiné de la tête aux pieds, fit un éclat de rire homérique. — Attendez donc, mon cher, mais je vous reconnais ! Oui, je vous ai vu hier en allant visiter ma petite sœur. — C'est cela, j'ai même eu le précieux avantage de vous offrir ma main lorsque vous montâtes en voiture. — Et cela a suffi pour vous donner le droit de me faire votre visite ? Mais vous n'êtes pas mal effronté pour un homme de rente. — Voilà ! Je me suis dit : La sœur de l'aimable et bonne Benjamine ne peut être qu'une femme adorable et indulgente ; or, allons lui présenter mon hommage et déposer mon cœur à ses genoux. Et là-dessus, je me suis mis en route. — Fort bien ! mais qui êtes-vous ? — Narcisse Grivois, célibataire, quinze mille livres de rente, occupant, même maison que votre sœur, un appartement situé au premier étage. — Certes ! voilà des titres à la considération... Et vos intentions à mon égard, sont ?... — De vous connaître et de vous adorer. — Fichtre ! comme vous y allez, mon bon ; savez-vous si mon cœur est en disponibilité pour me risquer de pareilles offres à brûle-pourpoint ?
— Il doit l'être ; s'il ne l'est pas il le sera, et alors je réclame la survivance du premier attachement déçu. — Eh bien ! efforcez-vous de me plaire, je vous le permets, et nous causerons de cela après... A propos ! ma sœur est-elle instruite de la visite que vous me faites aujourd'hui ? — Je n'ai eu garde de lui en parler. — Fort bien ! car je désire qu'elle n'en sache rien ; et comme j'attends la venue de la chère petite, et bien d'autre, vous allez me faire le plaisir de décamper au plus vite, afin qu'elle ne vous rencontre pas chez moi ; ensuite, libre à vous de revenir me voir quand bon vous plaira, de midi à deux heures, excepté les lundis, mercredis et vendredis. — Bien, je vous comprends, les jours d'Opéra. Mais, pourquoi, belle enfant, ces restrictions ?
— Parce qu'il me convient qu'il en soit ainsi. Voyez, c'est à prendre ou à laisser. — Je prends, belle amie, je prends, s'écria vivement Narcisse en s'emparant d'une main mignonne et blanche, qu'on lui permit de porter à ses lèvres. — Maintenant, au revoir, mon cher, fit Suzanne en se soulevant à demi de son siège pour congédier l'adorateur.
— Sur les trois, Dieu merci, en voilà un qui mord à l'hameçon ! soupira joyeusement Narcisse Grivois tout glorieux, en regagnant la rue.
Longtemps après le départ de Narcisse de chez l'après-midi, la sonnette de l'appartement de Suzanne s'agitait de nouveau, mais avec timidité.
C'était Benjamine qui, toute tremblante, venait visiter sa sœur pour la première fois depuis que celle-ci avait aban-

donné la modeste chambre qu'elles habitaient ensemble, où elles travaillaient toutes deux en abrégeant le temps par de gais refrains.

Benjamine, guidée par la chambrière à travers l'appartement dont ses yeux surpris admiraient l'élégance et le luxe, atteignit la pièce où l'attendait Suzanne.

— Ah ! c'est toi, enfant ! Vrai, je désespérais de ta présence... Enfin, tu t'es donc décidée : c'est heureux !... Assieds-toi, petite sœur, et sois la bien venue chez moi, dit Suzanne en présentant sa joue à Benjamine, qui l'embrassa de bonne amitié. — Chez toi ! c'est ici chez toi, Suzanne ? En vérité, je n'en puis revenir. Quelle différence, mon Dieu ! avec la pauvre petite chambre que nous habitions... Tu es donc devenue bien riche, Suzanne ? disait avec naïveté la jeune fille, en promenant son regard sur les mille fantaisies qui ornaient la chambre. — Sans être riche, je suis à mon aise ; et tout ce luxe que tu admires, sœur, eh bien ! il ne tiendrait qu'à toi d'en avoir autant, si, moins dupe ou moins sauvage, tu consentais à suivre mes conseils. — Non, Suzanne, non, jamais ! fit avec force la jeune fille. — Ainsi, tu continues de préférer l'esclavage, la pauvreté à la joyeuse liberté, au luxe, au plaisir ? — Oui, Suzanne, soupira Benjamine. — Alors, n'en parlons plus, et, sans reproche, suivons chacune la route que le sort nous a tracée dans ce monde. A toi la fatigue, les privations, le dédain dont le riche accable le pauvre ; à moi la parure, la vie folle et heureuse ; à toi la mansarde froide et solitaire ; à moi le salon et les lambris dorés. — Oui, chacune notre destinée, et je prie Dieu chaque jour pour qu'il te prenne heureuse et qu'il me prenne en pitié. — Allons, laissons de côté toutes ces jérémiades et ne pensons qu'à bien employer le temps que nous devons passer ensemble... As-tu faim ? Benjamine. — Un peu, car il y a longtemps que j'ai pris mon lait du matin. — Du lait ! fit Suzanne en haussant les épaules ; puis reprenant : beaucoup de lait, sans doute ? — Pour un sou ; c'est ma ration de tous les matins. — Bien sucré ? — Sans sucre. — Ah ! et qu'as-tu pris à ton second déjeûner ? — Oh ! je ne déjeûne jamais deux fois, ça coûterait trop cher. — Pauvre enfant ! pauvre dupe ! murmura Suzanne. Veux-tu prendre un bouillon ou un biscuit trempé dans le madère, en attendant le dîner ? — Non, sœur, j'attendrai le dîner.

Ce dîner était marqué pour six heures, et il en était trois. Benjamine, tout en souffrant de la faim, attendit patiemment cette heure que frappa la pendule en même temps que la sonnette de l'appartement tintait avec violence.

— Ah ! ce sont mes convives, fit Suzanne en souriant. — Nous ne dînons donc pas seules ? interrogea vivement Benjamine. — Non pas, ce serait trop monotone : aussi, ai-je eu la précaution, afin de nous égayer un peu, d'inviter aujourd'hui trois aimables garçons, de véritables boute-en-train à faire rire des pierres ; on dira des bêtises, on fera des folies ; enfin, l'on s'en donnera à cœur joie. — Suzanne, permets-moi de m'en aller, je reviendrai un autre jour que tu seras seule, dit Benjamine effrayée. — Plaisantes-tu ? Non pas, non pas, tu es ici, tu resteras, fit Suzanne en retenant par le bras la jeune fille qui s'empressait déjà de couvrir ses épaules de son modeste châle.

Un grand bruit de voix, de joyeux éclats de rire précédèrent l'entrée au salon de trois jeunes gens d'une mise recherchée, qu'accompagnait une jeune et jolie lorette à la mise riche et élégante.

Cette bande joyeuse fit invasion dans le salon, le chapeau sur la tête, le cigare à la bouche, et s'étendit sur les fauteuils sans prendre même la peine de saluer la maîtresse de céans ni Benjamine.

— Tiens, c'est toi, Clémentine ? c'est gentil de ta part d'être venue me voir, dit Suzanne à la lorette. — C'est Arthur qui est venu m'arracher de chez moi en m'annonçant un joyeux dîner ; or, je n'ai pu résister, et me voilà. — Bonjour, mon Adolphe, tu n'es pas venu hier soir, c'est mal, je t'attendais et me suis fort ennuyée... disait Suzanne à un grand blond qui, depuis qu'il était entré, s'occupait d'arranger ses cheveux et de friser ses moustaches devant une glace. — Je n'ai pu, chère, car j'étais de club et de grand gala, répondit Adolphe. — Dites donc, Destigny, êtes-vous, comme toujours, spirituel et disposé à nous raconter des drôleries ? reprit Suzanne en s'adressant à un beau jeune homme qui, accoudé sur le dossier d'un fauteuil et son binocle dans l'œil, tenait son regard fixé sur Benjamine qui, intimidée par la présence de tous ces bruyants personnages, s'était honteusement retirée à l'écart dans un petit coin. — Non, car aujourd'hui je suis dans mon jour de stupidité ; mais cela peut changer, et dépend de la qualité du vin que nous servirons vos gracieuses mains, belle Suzanne ! répondit le jeune homme sans détourner les yeux de dessus Benjamine. — Que regardez-vous donc de ce côté, Édouard Destigny ? demanda Clémentine. — Parbleu ! ma jolie petite sœur, sans doute, enfant timide, que vous effrayez et qui se cache, reprit vivement Suzanne tout en se levant pour aller prendre Benjamine par la main et l'amener de force au milieu du salon.

Avec son joli bonnet orné de rubans roses, son petit col de percale brodée, sa modeste robe à quarante-huit centimes le mètre, tout cela bien propre, bien ajusté, Benjamine, la pudeur au front, le regard baissé, arracha de chaque bouche un cri d'admiration.

— Mille dieux ! le friand morceau... D'honneur ! j'aimerais cette fille à la tuer. Il me la faut, je l'achèterais au poids d'or pesant, murmura Destigny bas à l'oreille de Suzanne, qui lui répondit sur le même ton. Cher ! achetez-la, si la petite consent à se vendre.

Sur ces entrefaites, la servante vint prévenir que le dîner était servi, avertissement qui fut salué par un hourra joyeux.

Destigny s'empressa d'offrir sa main à Benjamine qui l'accepta en rougissant, pour la conduire à la salle à manger où chacun les suivit. Ils se sont assis à un couvert. Suzanne s'est placée à côté de son amant, le blond Adolphe, Arthur près de sa lorette, mademoiselle Clémentine, et le bel Édouard Destigny, à côté de Benjamine.

La Folie, qui a apporté son couvert, rend le repas d'une gaîté des plus excentrique, les mets sont choisis et surtout exquis ; les vins parfaits et généreux, qui coulent à flots et montent les têtes, rendent les cœurs tendres et amoureux ; et Benjamine, qui seule est demeurée silencieuse et froide, en dépit des efforts de Destigny qui la courtise et cherche à l'enivrer, Benjamine donc, la fille modeste et sage, en voyant les deux femmes, dont l'une est sa sœur, s'abandonner sans retenue aux caresses de leurs amants, en entendant sortir de chaque bouche des paroles qui blessent sa pudeur, Benjamine rougit de honte et voudrait s'échapper ; mais près d'elle est un homme que ses charmes enflamment, qui a soif d'amour, et veut en faire sa maîtresse, qui, à cette intention, l'enveloppe, la presse, lui bourdonne à l'oreille le langage de la séduction, jure de l'aimer éternellement et de lui prodiguer tous les biens de la terre.

Au dessert, la raison déménage complètement ; Suzanne, bacchante amoureuse, à l'imitation de Clémentine, passe de son siège sur les genoux de son amant, et, dans son ivresse libertine, de la voix elle encourage Destigny dans ses entreprises amoureuses auprès de Benjamine, conseils coupables et funestes qui, en chassant toute retenue du cœur de notre jeune homme, augmentent sa témérité au point d'enchaîner Benjamine dans ses bras, et, par ce moyen, paralysant sa défense, souiller ses lèvres roses et pures de ses libertins baisers, à la grande satisfaction de la digne société qui salue le prétendu triomphe de Destigny par ses cris et ses applaudissements. Mais Benjamine, au comble de l'effroi et se croyant perdue dans cet antre de débauche, parvient à s'arracher des bras de Destigny dont elle s'éloigne avec crainte et dégoût. Le jeune homme, que l'ivresse aveugle, prend cette fuite pour un badinage, se lève aussi et poursuit Benjamine qui, le voyant s'avancer vers elle, l'œil enflammé, les bras ouverts pour la saisir, se jette sur une fenêtre qu'elle ouvre précipitamment, et, se penchant en dehors :

— Si vous m'approchez, Monsieur, dit-elle de l'accent du désespoir, je me précipite dans la rue.

Cette menace arrête Destigny, aussi bien qu'elle rappelle Suzanne à la raison ; Suzanne, qui, s'arrachant aux baisers de son amant, se précipite vers sa sœur qu'elle entoure vivement de ses bras.

— Benjamine ! que veux-tu faire, enfant ? Pourquoi t'effrayer ainsi d'un simple badinage ! calme-toi, chère petite sœur. — Suzanne, vous m'avez attirée dans un piège infâme, et c'est affreux de la part d'une sœur ; mais si vous voulez que j'oublie, faites que je sorte de chez vous à l'instant même. — Quoi ! petite sauvage, tu voudrais nous quitter au moment où l'on s'amuse le plus... Allons, viens reprendre ta place, sois sans crainte, ce fou de Destigny sera plus sage. — Suzanne, je te le répète, je veux m'en aller, m'en aller à tout prix, quand je devrais, par cette fenêtre, appeler à mon secours le premier passant.

Et en parlant ainsi, de l'accent du désespoir, Benjamine s'attachait encore plus après le balcon.
— Puisque tu l'exiges, sois donc satisfaite ; ma domestique va t'accompagner jusque chez toi, reprit sèchement Suzanne. — Si, plus confiante et moins craintive, mademoiselle voulait me permettre d'être son cavalier ? fit Destigny avec douceur. — Personne, personne, vous dis-je ! Laissez-moi partir seule, reprit la jeune fille avec force et en cherchant à se dégager des bras de Suzanne qui l'entouraient et la retenaient. — Mais prends au moins le temps de te calmer, enfant, dit Suzanne en souriant. — Mais, laissez-la donc s'en aller puisqu'elle le veut ; il est fort ennuyeux de voir troubler cette petite fête par les grimaces d'une mijaurée, s'écria la lorette Clémentine avec humeur. — Suzanne ! au nom de notre mère, qui nous voit de là haut, je te somme de me protéger en me laissant sortir à l'instant même de chez toi, reprit Benjamine. — Va donc, et surtout sans rancune, répondit Suzanne pour ensuite entraîner sa sœur hors de la salle du banquet. — Adieu, pauvre sœur, je te plains et je prierai Dieu pour toi, disait Benjamine en marchant vivement vers la porte de l'appartement.

Et sans attendre sa sœur qui la suivait, la jeune fille ayant atteint l'escalier en descendit les marches quatre à quatre, puis gagna la rue où, se voyant en sûreté, elle put enfin dilater sa poitrine oppressée en donnant cours à un torrent de larmes.

VI. — La ruine.

C'étaient deux bien jolies filles que les demoiselles Dorval, en ce moment assises autour d'une table, sur le soir, en train de travailler avec leur mère à un riche tapis de lit dont elles désiraient faire présent à un mari et un père, lors de son retour qui devait être prochain.

Comme cette Stéphanie était gracieuse avec ses dix-sept ans, sa taille noble, souple et fine, ses cheveux bruns et soyeux qui encadraient avec harmonie une tête expressive et pleine de malice ; des sourcils pleins et d'une couleur d'ébène couronnaient les yeux les plus beaux du monde, remplis d'une vivacité adorable. Et Armandine, charmante enfant de dix-huit ans, à la blonde chevelure, dont les traits réguliers étaient empreints d'une expression de modestie et de recueillement. Le caractère un peu sérieux de cette jeune fille inclinait vers une dévotion trop rigide qui lui faisait perdre en grâce ce qu'elle gagnait en vertu ; pauvre enfant qui, par excès de pudeur native et de réserve religieuse, s'imposait le devoir de renfermer au fond de son cœur tout ce qu'elle avait de sensibilité. Mais il faut le dire, sous cette froideur étudiée, Armandine cachait une âme tendre, capable de dévouement et de sacrifice.

Ces deux enfants aimaient leur mère, comme elles en étaient aimées, d'amour extrême. C'était une douce et aimable famille, jusqu'alors aimée de Dieu qui l'avait comblée de ses bénédictions, mais dont la main protectrice allait se retirer pour longtemps, peut-être !

— Qu'as-tu donc, bonne mère, ce soir ? tu n'es pas gaie comme de coutume, tu sembles inquiète, tourmentée, disait Armandine en voyant les regards de sa mère se détourner fréquemment de son ouvrage, pour se reporter sur elle et sa sœur avec amour et tristesse. — Hélas ! ne devines-tu pas, Armandine, que c'est l'absence et le silence de notre bon père qui afflige cette chère maman, fit Stéphanie. — Tu as raison, enfant : le silence que garde votre père depuis quinze jours, que je n'ai reçu de ses nouvelles, me surprend et m'alarme, car ce procès, d'où dépend notre avenir, doit être pour nous la ruine, la misère, a dû être plaidé il y a quelques jours ; quel en est le résultat ? Votre père le connaît, et s'il n'ose nous en faire part, c'est qu'il craint sans doute de nous affliger. — Espérons le contraire, bonne mère, car Dieu, qui protège les honnêtes gens, a dû éclairer les juges sur la bonté de notre cause. Oui, espérons que bientôt notre père nous apportera lui-même la nouvelle d'un heureux succès, disait Stéphanie en pressant dans la sienne, avec tendresse, la main de madame Dorval. — Tiens, bonne mère, si tu veux m'en croire, nous laisserons là, pour ce soir, cette tapisserie qui te fatigue les yeux ; et, pour te distraire, je te chanterai sur le piano cette nouvelle romance que tu aimes tant à entendre, proposa Armandine. — Oui, chante, cher petit rossignol, ta voix douce et suave rafraîchira mon pauvre cœur que brûle l'inquiétude.

Armandine quitta donc la table pour aller se placer au piano, et comme elle exécutait le prélude de l'air qu'elle allait chanter, un petit coup de sonnette se fit entendre et suspendit son jeu.

— Une visite ! dit Stéphanie. — Peut-être mieux, mes enfants, une lettre de votre père...

La porte du salon s'ouvrit, et la servante se présenta pour annoncer que la brodeuse du quatrième venait apporter l'ouvrage que ces dames lui avaient confié.

— Faites entrer cette jeune fille, ordonna madame Dorval.

Un instant après, Benjamine se présentait les yeux baissés et le rouge au visage.

— Soyez la bien venue, mademoiselle Benjamine... Asseyez-vous près de nous. — Je viens peut-être un peu tard, madame, fit l'ouvrière en se posant modestement sur le petit bord de la chaise que Stéphanie s'était empressée de lui présenter. — Est-ce que vous êtes assez bonne, mademoiselle, pour me rapporter mes manches ? demanda Armandine de sa place. — Ainsi que la collerette de mademoiselle votre sœur, répondit Benjamine en dépliant lesdits objets. — Cette broderie est charmante ! s'écria Stéphanie tout en admirant. — Vous travaillez comme une fée, mon enfant, fit à son tour madame Dorval. — En travaillant avec autant de goût, vous devez gagner beaucoup d'argent, mademoiselle Benjamine ? demanda Armandine. — Hélas ! non, mademoiselle, ma broderie n'est peu lucrative ; et lorsqu'après une longue journée de travail, j'ai gagné vingt sous, eh bien ! je suis heureuse. — Vingt sous ! quelle horreur ! s'écrièrent ensemble et avec surprise les deux sœurs. — Pauvre enfant ! Quoi ! autant de fatigue pour un aussi mince salaire ! fit madame Dorval en fixant sur Benjamine un regard plein d'intérêt. — Mais alors votre famille prend soin de vous, car vous ne pourriez exister avec un gain aussi minime ? s'informa Stéphanie. — Je n'ai plus de famille, mademoiselle, je suis seule au monde et pourtant, avec l'ordre et l'économie dont feu ma bonne et vertueuse mère me donna l'exemple, je trouve le moyen de vivre du produit de mon ouvrage, et de ne rien devoir à personne. — Pauvre petite !... Dites-moi, mon enfant, n'allez-vous pas vous marier ? interrogea madame Dorval. — Non, madame. — Ah ! je croyais avoir entendu dire que monsieur Boudinot, notre voisin, vous faisait la cour en cette intention. — En effet, madame, reprit Benjamine en rougissant, M. Boudinot qui a la bonté de me porter quelqu'intérêt et de venir de temps à autre me distraire par une petite lecture, que j'écoute tout en travaillant, m'a proposé d'être mon mari, parce qu'il m'aime, dit-il. — Et vous n'avez pas accepté sa proposition ? demanda madame Dorval, pour ajouter : N'aimeriez-vous pas ce jeune homme qu'on dit être un bon et brave sujet ? — Oui, madame, je l'aime parce que, comme vous le dites, il est honnête, bon, et surtout respectueux envers moi, parce qu'il est le seul être qui m'ait témoigné, jusqu'alors, une amitié franche et désintéressée ; mais M. Boudinot, ainsi que moi, est pauvre est orphelin ; il ne possède pour toute ressource qu'un très-minime emploi qui suffit à peine à ses besoins. — Seriez-vous ambitieuse, mon enfant ? dit en souriant madame Dorval. — Bien au contraire, madame ; et si j'ai refusé jusqu'alors d'accepter l'offre que M. Boudinot m'a faite de sa main, c'est que je l'aime assez pour ne pas vouloir le rendre plus malheureux encore qu'il n'est, en le faisant le mari d'une pauvre ouvrière. — Je pense, mon enfant, que vous poussez la délicatesse un peu trop loin ; car enfin, M. Boudinot qui, dit-on, jouit de l'estime de ses chefs, finira par obtenir de l'avancement dans son administration. Ensuite, réfléchissez qu'une jeune et jolie fille de votre âge, qui vit seule, est bien exposée, et qu'un protecteur lui est nécessaire. — Maman dit vrai, mademoiselle Benjamine : ainsi, il faut épouser M. Boudinot qui, j'en suis sûre, sera un bon mari, dit Stéphanie. — Oui, mademoiselle, mariez-vous ; nous vous aiderons, ma sœur et moi, à confectionner votre trousseau ; et pour que vous soyez bien belle, nous vous donnerons à choisir tout ce qui vous conviendra dans notre garde-robe ; n'est-ce pas maman ? fit à son tour et généreuse Armandine. — Je serais heureuse, mes enfants, et de vous laisser suivre les bons et généreux mouvements de votre cœur, et même de contribuer personnellement au bonheur de cette charmante Benjamine ; mais, pourqu'il en soit ainsi, prions Dieu qu'il nous en laisse la possibilité. — Combien vous êtes bonnes, mesdames, et que je suis heureuse de l'intérêt que vous daignez me témoigner ! dit Benjamine dont une larme de reconnaissance mouillait en ce moment la paupière.

La pauvre fille rencontrait si rarement des amis désintéressés!

— Fort bien! mais avec tout cela, mademoiselle, vous ne dites pas si vous suivrez les bons conseils de maman? reprit Armandine en souriant. — Mon Dieu! je ne dis pas non, balbutia Benjamine en rougissant. — Allons, enfants, n'insistez pas davantage; et sans nulle influence, laissez cette chère petite suivre le mouvement de son cœur, dit madame Dorval, que la jeune ouvrière remercia du regard, tout en se levant de sa chaise. — Quoi! vous voulez déjà nous quitter, mademoiselle Benjamine? demanda Armandine. — Je craindrais de devenir importune en demeurant davantage, mesdames. — Au contraire, vous nous faites plaisir... Aimez-vous la musique et à entendre chanter? reprit Armandine. — Oh! beaucoup. — Alors, restez avec nous, et écoutez-moi.

Benjamine reprit son siége, Armandine son piano, pour chanter plusieurs romances avec autant d'âme que de goût, à la grande satisfaction de la jeune ouvrière, que cette mélodie et ces doux accents ravissaient. — Madame, une lettre! s'en vint dire la servante. — De Chartres! fit avec émotion madame Dorval après avoir regardé la suscription de ladite lettre. — De papa? demandèrent vivement les enfants. — Non, répliqua madame Dorval tremblante, en brisant le cachet.

Elle lit; puis une pâleur subite se répand sur son visage, la lettre lui échappe des mains, et ses lèvres n'ont que la force de balbutier ces mots :

— Nous sommes ruinés, mes enfants!... et votre père, qui n'a pu supporter ce coup funeste, est tombé dangereusement malade.

Les jeunes filles, en voyant madame Dorval perdre connaissance, s'empressent de la secourir tout en poussant de douloureux sanglots. Une longue angoisse, et la pauvre mère revient à la vie, ouvre les yeux pour les porter sur ses enfants agenouillés devant elle, et les couvrent ses mains de baisers et de larmes; puis Benjamine qui, non moins affligée, lui tenait la tête appuyée sur son sein.

— Pauvres petites!... qu'allez-vous devenir? soupira douloureusement madame Dorval.

Et, se rappelant aussitôt que son mari souffre loin d'elle :

— Enfants! reprit-elle, nous partons demain pour Chartres, où la position de votre père réclame notre présence et nos soins. — Oui, bonne mère, partons, partons vite, répondirent ensemble et avec empressement Armandine et Stéphanie.

Vaine résolution! dévoûment inutile! car, le lendemain matin, une seconde lettre vint apporter à madame Dorval la funeste nouvelle qu'elle n'avait plus d'époux, et à ses filles qu'elles avaient perdu le meilleur des pères... M. Dorval, en apprenant la perte d'un procès qui lui enlevait toute sa fortune, avait été subitement frappé d'une attaque d'apoplexie à laquelle il n'avait survécu que quelques heures.

VII. — DEUX CONQUÊTES.

— Ah! ah! c'est vous, mon cher Boudinot? soyez le bienvenu, disait Narcisse Grivois chez lui, en robe de chambre, et recevant Boudinot, avec lequel il s'était lié depuis un mois, enchanté d'avoir quelqu'un pour parler femme et faire ses confidences de prétendues bonnes fortunes. — M. i-même! qui, libre aujourd'hui dimanche, et ne pouvant consacrer cette journée de repos à mademoiselle Benjamine, viens vous proposer une promenade à la campagne. — Comment donc! mais très-volontiers. Nous tâcherons de faire des femmes, hein? — Vous, très-bien; quant à moi, cela m'est défendu. — Ah bah! Auriez-vous à votre âge, mon jeune ami, renoncé aux aventures galantes? — A peu près. Ne vous souvenez-vous plus que j'aime Benjamine, et qu'elle seule suffit à mon cœur? — En effet; aussi est-ce en votre faveur que j'ai renoncé à courtiser cette gentille fillette dont les charmes m'avaient inspiré un violent caprice. — Et je vous remercie, voisin, de ce noble sacrifice, dont mon amitié vous tiendra compte en vous secondant de mon mieux dans vos entreprises galantes, car, quoique étant amoureux sérieusement, je n'en suis pas moins un bon et gai vivant, stylé dans toutes les ruses d'amour, fleurant la fillette une lieue à la ronde, et qui consens même à se compromettre tant soit peu en votre faveur, pourvu qu'en bon camarade vous n'en disiez rien à personne. — Allons, Boudinot, je crois deviner qu'ainsi que

moi, passionné pour les femmes, vous ne demandez pas mieux, tout en filant le parfait amour avec la petite Benjamine, de rompre un peu en cachette le jeune que sa vertu vous impose. — Voisin Grivois, vous êtes un satané malin à qui il ne faut pas répéter deux fois les choses pour vous les faire comprendre. — En effet, je suis très-malin et d'une perspicacité extraordinaire, répliqua Narcisse en souriant avec fatuité. Ah ça! reprit-il, notre Benjamine nous abandonne donc décidément, pour aller nous courons nous réfugier dans le sein de l'amitié? — Vous savez bien que la chère petite, ne consultant que son bon cœur, oublie tout pour se consacrer au soulagement d'une famille malheureuse qui, du temps qu'elle était heureuse, lui avait témoigné de l'intérêt. — Peut-être? — Peut-être! peut-être! — Ma foi! vous ne feriez certes pas une mauvaise affaire en adoptant cette charmante famille. — J'y songerai, mais pas en ce moment où mon cœur se trouve enchaîné à la plus belle des femmes, une maîtresse adorable! — Ah bah! vous avez une maîtresse... Comment se nomme-t-elle? je dois la connaître et vais tout de suite l'estimer à sa juste valeur, vu, cher voisin, que je sais à fond toutes les biches dont la sensibilité embellit l'existence des quartiers Montmartre et Breda. — Allons donc! est-ce qu'un mauvais sujet de votre espèce peut connaître la belle de Saint-Amour, une femme des plus comme il faut. — Et qui s'appelle de Saint-Amour, fit Boudinot en riant. J'en conviens, elle m'est inconnue, et je compte sur vous pour me présenter, en qualité d'ami, à cette rare merveille... A propos! si nous allions, ce matin, lui demander à déjeuner? Voisin, ne plaisantons pas; de Saint-Amour est une femme qui n'admet pas ainsi le premier venu dans son intimité; or, allons déjeuner au bois, c'est ce que je puis faire de mieux en attendant l'heure fortunée où cette jeune beauté a l'habitude de m'admettre dans son boudoir. — A l'œil? — Comment à l'œil? je ne vous comprends pas, fit Narcisse en fixant Boudinot d'un air surpris. — C'est-à-dire sans contribution. — Tout à fait! Oh! rien de moins intéressé que cette femme intéressante, chez qui le cœur agit seul. — Diable! je vous en fais mon compliment bien sincère, mais ce nom de Saint-Amour m'avait d'abord indisposé contre cette jeune beauté que je proclame, d'après votre dire, voisin, d'une vertu digne du prix Monthyon.

Comme Boudinot terminait ces derniers mots d'un accent goguenard, un coup de sonnette se fit entendre, auquel coup Narcisse Grivois répondit en allant ouvrir sa porte à un commissionnaire qui lui apportait une petite lettre toute mignonne et parfumée.

— De quelle part? demanda le célibataire en flairant le dit poulet qui sentait délicieusement la petite maîtresse. — De madame de Saint-Amour.

Narcisse, tout joyeux, car c'était la première fois depuis un mois qu'il la connaissait, que Suzanne lui écrivait, Narcisse donc s'empressa de briser le cachet pour lire les lignes suivantes :

« Cher mon polisson de banquier qui devait me remettre le montant de mon semestre est parti pour la campagne, et j'ai fort à payer aujourd'hui; comme il est d'usage d'avoir recours à un intime, lorsqu'on se trouve dans l'embarras, c'est à vous que je donne la préférence, mon adorable Narcisse. Remettez donc pour moi cinq cents francs au porteur de cette lettre. Dépêchez-vous, cœur, je suis très-pressée.

» Ce soir, à onze heures, je vous attends chez moi; c'est là que je vous remercierai comme vous le méritez.

» Votre bien sincère amie,

» SUZANNE DE SAINT-AMOUR. »

Et plus bas :

« Apportez-moi en même temps des nouvelles de ma petite sauvage de sœur, que je n'ai pas revue depuis cinq semaines qu'elle me boude sérieusement... On me dit qu'elle s'est fait, bêtement, la garde-malade d'une femme ruinée. Est-ce vrai? Vous me direz ça ce soir, mon bibi. »

Narcisse a lu, et fait une affreuse grimace.

— Cinq cents francs! cinq cents francs! hum!...

Et notre Céladon se gratte l'oreille, puis se remet à parcourir la lettre.

— Ce soir à onze heures, dans mon boudoir... S'humaniserait-elle enfin, la cruelle? serait-elle lasse de me résister? Je le pense, car s'il devait en être autrement, oserait-elle m'emprunter de l'argent?... Oui, ses caresses, ses voluptueuses faveurs seront le prix de ma complaisance.

Cela dit, Narcisse se dirige vers sa caisse, et en sort un billet de banque qu'il met sous pli avec ces trois mots seulement : A ce soir !

Le commissionnaire emporte le tout, et Narcisse, d'un air triomphant, le sourire sur les lèvres, retourne vers Boudinot qu'il a laissé dans sa chambre à coucher.

— Cher ami, à vous ma journée entière, car ce poulet que vient de m'envoyer ma maîtresse, la belle de Saint-Amour, en me laissant le champ libre, m'indique la onzième heure du soir comme celle qu'elle désire consacrer avec moi aux amours. — Heureux lovelacé ! Ah ! pourquoi mon cœur a-t-il été assez sot pour se laisser prendre aux charmes de Benjamine; comme j'aurais encore du plaisir à me faire adorer des femmes ! s'écria Boudinot. — Mais, pauvre innocent! quoi vous empêche, à mon exemple, d'en adorer sérieusement une seule et de courtiser les autres en cachette? dit Narcisse. — Vous êtes, voisin, un affreux mauvais sujet !... Allons promener et déjeuner au bois, ainsi que vous m'y engagez, termina Boudinot en frappant familièrement sur l'épaule du gros garçon.

Ils partent : c'est vers le bois de Boulogne qu'ils se dirigent en omnibus, Narcisse ayant préféré ce véhicule à un autre, dans l'espoir d'y rencontrer quelque jolie femme.

Mais la destinée ou le hasard si mieux l'on aime, qui se plaît à contrarier nos goûts, l'a placé entre une grosse et vieille femme et un jeune laidron, tandis que Boudinot qui, faute d'une autre place, a été forcé de se séparer de son compagnon de voyage et de s'asseoir sur le strapontin, se trouve être le voisin de deux gentilles grisettes en bonnets rose et bleu, avec lesquelles il a de suite entamé la conversation.

Boudinot, par d'insidieuses questions, a donc appris que ces deux demoiselles doivent quitter l'omnibus à la Porte-de-Madrid, chez le concierge, gardien de cette même porte, où doivent les attendre des dames de leurs connaissance.

Pour se rendre à cet endroit, il faut traverser le bois tout entier : aussi, le volage adorateur de Benjamine en voyant descendre les deux jeunes filles, s'empresse-t-il d'en faire autant, après avoir fait signe à Narcisse de le suivre.

Les fillettes, rieuses et légères, ont pénétré dans le bois pour gagner l'avenue de Madrid, et sur leurs traces marchent Boudinot et Narcisse.

Ce dernier, à qui le jeune homme a fait part de son projet, grâce à ses petites jambes, est obligé non de marcher, mais de courir pour ne pas demeurer en arrière.

Les deux fillettes qui, d'abord, marchent d'un pas assez vif, le ralentissent subitement en se voyant suivies par deux messieurs du bon ton.

— Comme vous allez grand train, mesdemoiselles; ne craignez-vous pas de vous fatiguer? dit Boudinot en abordant les jeunes filles. — Ah ! dame ! c'est que nous avons du chemin à faire; le bois est si long ! répond la plus gentille des deux, sur laquelle Boudinot avait jeté son dévolu.

— Il fait bien chaud, mesdemoiselles, fit à son tour Narcisse en essuyant son visage cramoisi et ruisselant de sueur. — Oui, monsieur, bien chaud, en effet : aussi, me tarde-t-il d'être arrivée pour me désaltérer ! — Dis donc, Alphonsine, ce serait plus drôle si nous n'allions pas trouver notre monde au rendez-vous. — J'en ai une peur affreuse... Que deviendrons-nous, Louise? — Dame ! nous retournerons à Paris. — Ma foi, non; puisque nous sommes à la campagne, nous y resterons. Qu'en dis-tu, Alphonsine? — Comme tu voudras; ne sommes-nous pas maîtresses de nos actions ?... — Et de rentrer quand bon nous semble... Mon Dieu ! que j'ai donc soif ! — Et nul moyen de l'étancher au milieu de ce bois, mademoiselle : ce qui nous empêche mon ami et moi de vous offrir des rafraîchissements, dit Narcisse. — Vous êtes trop bons, messieurs; mais n'ayant pas l'honneur de vous connaître, nous ne savons trop si nous oserions nous permettre d'accepter votre politesse. — Bah ! est-ce qu'à la campagne il faut faire des façons? Nous sommes des gens honnêtes, mesdemoiselles, dans lesquels vous pouvez avoir toute confiance, dit Boudinot d'un air tout doux. — Cela se voit tout de suite, messieurs; et si, de prime abord, nous ne vous eussions pas jugé tels, certes que nous ne nous serions pas aventurées dans ce bois désert en vous voyant suivre la même route que nous, répondit Alphonsine. — Nous aimons trop les dames, et surtout jolies comme vous, pour oser leur faire injure, dit Narcisse la bouche en cœur. — Ça, mesdemoiselles, je ne sais pourquoi nous marchons impoliment à vos côtés, comme des hommes mal élevés, au lieu de vous offrir galamment notre bras, dit Boudinot en présentant gracieusement le sien. — Vous êtes trop bons, messieurs... Alphonsine, veux-tu ? — Dame, ces messieurs sont si polis que nous pouvons faire autrement que d'accepter leur offre.

Et cela dit, nos grisettes d'un commun accord glissèrent ensemble leurs bras sous celui des deux messieurs.

— Ainsi, vous habitez Paris, mesdemoiselles ? — Oui, monsieur, rue Tirechappe, 11. — Je suis persuadé, pour mon compte, dit à son tour Narcisse en s'emparant de la main de sa grisette, que cette jolie main, si délicate, si blanche, ne confectionne que de très-jolis ouvrages. — Nous sommes fleuristes, messieurs. — Charmant état ! Si j'étais né femme, j'aurais voulu être fleuriste, reprit vivement Narcisse, pour ajouter : Ainsi, vous allez rejoindre vos parents ou amis qui vous ont donné rendez-vous. — Oui, monsieur. — Ne serait-ce pas plutôt d'heureux amis du cœur? demanda Boudinot. — Des amants ? fi donc ! Alphonsine et moi, nous sommes des filles sages, veuillez le croire, — Ça, mesdemoiselles, est-ce que, franchement, vous ne feriez pas mieux d'accepter notre société pour le reste de cette journée, au lieu d'aller vous ennuyer avec la sainte famille? proposa Boudinot. — Je ne dis pas non ; mais nous vous connaissons si peu, qu'il y aurait peut-être du mal à accepter votre proposition... N'est-ce pas, Louise ? — Je le pense; mais j'ai si peur que ma tante, impatientée de nous attendre, ne soit partie. — Elle doit l'être partie ; or, acceptez notre offre, charmante fleuriste, fit Narcisse avec empressement. — Qu'en dis-tu, Louise? Ce que tu voudras, ma chère, car je crois ces messieurs incapables d'abuser de notre confiance. — Incapables ! comme vous le dites, dit Alphonsine. Ainsi c'est dit, nous restons ensemble, et vous acceptez le dîner auquel nous convie mon ami qui a quinze mille livres de rente, dit Boudinot en indiquant Narcisse, qui approuva la proposition qui lui valut un coup d'œil des plus gracieux de la part de Louise. — Ah ! monsieur à quinze mille livres de rente ! Et vous? demanda vivement Alphonsine à son cavalier. — Hélas ! je n'en possède que quatorze mille pour mon compte, soupira Boudinot. — Diable ! c'est gentil, et je me contenterais bien de la moitié, répondit la grisette. — A quoi donc, chère amie, envier la moitié d'une fortune qu'en échange de votre cœur, mon ami et moi, nous déposons tout entière à vos pieds, fit Narcisse. — Vraiment? Eh bien ! nous verrons cela quand nous nous connaîtrons un peu mieux. A propos ! je pense qu'il est au moins nécessaire que nous sachions les noms et qualités des personnes avec lesquelles nous consentons à faire société, dit Louise. — Rien de plus juste. — Mon ami se nomme Achille Grec; il exerce la profession de rentier et d'homme aimable; moi, je m'appelle Hector Troyen, même profession ci-dessus dénommée. — Tiens ! ce sont de bien jolis noms ! dit Alphonsine.

L'entretien en était à ce point comme nos quatre personnages, après avoir changé de route et pour cause, atteignaient la porte dite de Longchamp à la demeure d'un restaurateur dont la maison était alors renommée et citée pour ses cabinets et ses bosquets mystérieux.

La proposition d'aller se reposer tout en dînant avant été posée et acceptée à l'unanimité; ce fut dans un kiosque champêtre et isolé, situé au fond d'un jardin, que nos héros furent se mettre gaîment à table après avoir, en passant devant le comptoir, dressé le menu du dîner, précaution importante dont s'était chargé Narcisse.

Un repas exquis, du champagne et du madère pour ordinaire : aussi les têtes se montent-elles vivement. Les deux grisettes sont devenues d'une familiarité charmante ; Boudinot et Narcisse d'une audace telle, que les jeunes filles ont peine à se défendre contre leurs vives et amoureuses attaques. Narcisse, pour vaincre leur chaste résistance, ne trouve rien de mieux, pour anéantir le peu de raison et de force qui restent à nos grisettes, que de les griser entièrement, ♣ sur ce, recommence à verser à pleins verres. Les malignes fillettes, qui ont deviné son intention, s'y prêtent de la meilleure grâce et tendent leurs verres; mais, au lieu de boire, elles en versent adroitement le contenu sous la table, tandis que nos deux amoureux vident les leurs en toute conscience, et si bien, que ce qui leur restait de raison finit par s'évanouir entièrement.

VIII. — UNE RENCONTRE IMPRÉVUE

Il était six heures du soir, lorsque, rappelées à la raison d'abord par trois grandes heures de sommeil et les secours que leur avaient prodigués les gens du restaurant, nos deux intempérants ouvrirent enfin les yeux, et que le garçon qui les avait servis s'empressa de leur présenter en ricanant la carte de leur dîner, laquelle ne s'élevait à rien moins qu'à la somme de cinquante-neuf francs, sans parler des centimes, carte dont Boudinot s'empara machinalement, tout en tournant, autour de la table et de la chambre, un regard qui n'eut d'autre résultat que de s'arrêter sur Narcisse Grivois, lequel, encore absorbé par l'ivresse, fixait sur lui des yeux hébétés, sans avoir la force de prononcer une parole.

— Ça! garçon, au lieu de nous regarder comme deux choses curieuses, ne feriez-vous pas mieux de nous apprendre ce que sont devenues nos épouses? dit Boudinot n'apercevant plus les deux jeunes filles à leurs côtés. — Voilà qui vous l'apprendra, monsieur, cette lettre! que ces dames ont écrites pour vous, en me chargeant de vous la remettre à votre réveil.

Boudinot s'empressa d'ouvrir ladite lettre et de lire ce qui suit :

« Messieurs,

» Ma compagne et moi vous remercions de l'excellent dîner que vous nous avez fait faire; mais comme nos papas et nos mamans, qui nous attendent à Paris, pourraient nous gronder si nous rentrions trop tard, que nous sommes trop bonnes filles pour vouloir troubler votre sommeil et que sans vous adresser nos adieux, nous prenons le parti de vous adresser ces lignes, et de vous prévenir encore qu'ayant oublié de nous munir d'argent et ne voulant pas nous en retourner à pied, nous prenons la liberté de vous emprunter quelque menue monnaie, que nous vous restitueront fidèlement à notre première rencontre.

» Vos bien dévouées amies,
» ALPHONSINE et LOUISE. »

A peine Boudinot avait-il abordé cette dernière phrase, que lui et Grivois portaient ensemble la main à leurs poches pour s'écrier :
— Volés !

En effet, ni l'un ni l'autre n'y retrouvaient plus son porte-monnaie.

— Messieurs, voici la carte : c'est cinquante-neuf francs dix-sept centimes, dit le garçon qui avait tout vu, tout entendu. — Eh! maraud! va-t-en au diable avec ta carte!... N'as-tu pas entendu, depuis une heure que tu nous écoutes, planté devant nous comme un cierge pascal, que nous sommes volés, le vol peut-être, nous ont dépouillés complètement! s'écria Narcisse à qui la perte de son argent avait rendu toutes ses facultés. — Oui, dis-nous, pendard! ce que sont devenues ces effrontées coquines, où tu les a cachées! fit à son tour Boudinot furieux, à qui cet événement enlevait tout un mois d'appointements, et en prenant le garçon au collet. — Ces dames, ennuyées de vous regarder dormir, ont pris le parti de s'en retourner à Paris, après vous avoir recommandés à nos soins... Maintenant, ne m'en demandez pas davantage sur leur compte : payez, et courez ensuite après vos fugitives, si tel est votre bon plaisir, répondit le garçon en faisant lâcher prise à Boudinot. — Payez! payez! cela t'est facile à dire, drôle! mais à faire de la part de gens qu'on a dépouillés, il n'en est pas de même! — Alors, arrangez-vous comme vous l'entendrez avec le bourgeois, car le voilà qui vient à mon aide.

Le restaurateur, grand et sec personnage, la figure de travers, le bonnet de coton sur la tête et le coutelas à la ceinture, se présenta sur le pas de la porte.

— Ça, mes beaux muguets, prétendez-vous me faire votre dupe? S'il vous a plu de régaler deux aventurières, cela vous regarde : seulement payez, ou mieux vous ne préférez être conduits chez le maire, et de là en prison, dit d'un un bref le restaurateur. — Monsieur, je me nomme Narcisse Grivois; je jouis de quinze mille livres de rente en bonnes propriétés, et je n'entends pas qu'un misérable gargotier prenne à mon égard un ton insolent et protecteur. Nous avons été volés, mon ami et moi, par deux coquines qui ont abusé de notre confiance; or, n'ayant plus d'argent, il nous est impossible de vous satisfaire; mais je vais vous laisser mon adresse, et demain vous enverrez toucher chez moi le montant de votre carte. — A d'autres, mes gaillards! toutes ces belles promesses; quant à moi, qui ignore si vous me dites la vérité, si le départ de ces donzelles n'est pas un coup monté et convenu entre vous et elles, j'entends être payé à l'instant même. — Cher ami, je vois qu'il n'y a pas d'autre moyen pour nous tirer des griffes de cet empoisonneur, que de lui laisser en garantie l'une de nos montres, disait Boudinot en portant la main à son gousset pour pâlir aussitôt et s'écrier une seconde fois : Volé, encore? — La mienne aussi! fit Narcisse avec dépit, en ne retrouvant pas non plus sa montre. — Oh! les misérables! — Les friponnes, dépouiller ainsi des gens qui leur faisaient du bien. — Allons, assez de jérémiades comme ça, et en avant chez M. le maire, reprit le restaurateur. — Va-t-en au diable avec ton maire, fit Boudinot avec fureur. — Ah! vous insultez à l'autorité et refusez de comparaître devant elle! reprit le traiteur.

Puis s'adressant à son garçon :

— Criquet, va chercher les gendarmes, et hâte-toi! — Inutile, nous consentons; conduisez-nous, fit Grivois fort peu soucieux d'avoir affaire à la force armée.

Ce parti pris, nos deux infortunés s'enfoncent le chapeau sur la tête et se mettent en marche, escortés par les garçons et les marmitons de l'établissement qui, sur l'ordre du maître, s'étaient empressés de les entourer à leur sortie du kiosque.

Comme Narcisse et Boudinot, après avoir quitté le jardin, traversaient le salon du restaurant, un monsieur, espèce de militaire, et une dame, tous deux venant du dehors, y entraient par une autre porte. Ladite dame en apercevant Narcisse s'était empressée de baisser son voile, mais pas assez vite pour que notre gros célibataire n'ait eu le temps de la reconnaître.

— Madame de Saint-Amour, Dieu me pardonne! s'écrie Grivois en s'arrêtant devant la dame. Suzanne qui se voit reconnue, ne cherche plus à se cacher et lève son voile pour montrer un visage souriant et surpris.

— Vous! mon cher oncle! dit-elle vivement. Par quel heureux hasard, vous rencontré-je ici ?

Narcisse, surpris de s'entendre si inopinément qualifié du titre d'oncle, demeure un instant étourdi et sans répondre, mais cet instant lui a suffi pour jeter un coup d'œil sur la figure rébarbative du militaire qui en ce moment le fixait d'un mauvais œil tout en relevant sa moustache et fronçant le sourcil.

— Oui, oui, madame, oui, belle nièce, moi-même, ainsi que mon ami Boudinot que j'ai l'avantage de vous présenter, finit enfin par balbutier Grivois d'un air gauche et embarrassé. — Monsieur Boudinot, en effet, je le connais beaucoup, mais de réputation... Ah ça! cher oncle, que faites-vous donc ici, au milieu de cet escadron de marmitons? — En effet! où allons-nous donc, Boudinot? interrogea Narcisse ne sachant quoi répondre. — Dame! nous promener dans le bois, je pense, répondit bêtement Boudinot. — Du tout! mais bien chez le maire afin de contraindre ces messieurs à payer la dépense qu'ils ont faite ici, une véritable orgie, en compagnie de deux donzelles qui, d'après leur dire, se sont enfuies après avoir volé leurs bourses et leurs montres, dit vivement le restaurateur en dépit des signes que lui faisait Narcisse afin de lui imposer silence. — Comment! c'est pour le solde d'une semblable bagatelle que vous vous permettez de faire violence et d'insulter mon oncle, un riche et honnête propriétaire! Allez, vous n'êtes qu'un vil fricotier! dit Suzanne au restaurateur. — Il est certain, madame, que si monsieur m'avait dit qu'il était votre oncle... C'est que pareil cas se présente si fréquemment dans nos maisons, que si nous ne sévissions, nous serions sans cesse dupés, répliqua le restaurateur d'un ton humble et le bonnet de coton en main. — Colonel, avant de rejoindre votre épouse et les dames qui nous attendent dans le salon du premier, faites-moi l'amitié de libérer ces messieurs en payant leur addition, dit Suzanne à son cavalier. — Ché lé beux pien... L'homme, laissez bartir ces messieurs; ché réponds de tout, dit le colonel allemand, pour ensuite entraîner Suzanne, qui, avant de s'éloigner, prit le temps d'adresser à Narcisse une tendre et assassine œillade.

IX. — LE RANELAGH.

— Ah ça, cher ami ! vous ne m'aviez jamais dit que vous possédiez une nièce, et une nièce adorable encore ! s'empressa de dire Boudinot à Narcisse. — Ma nièce, allons donc ! dites ma maîtresse, Boudinot, la maîtresse adorable et adorée dont je vous ai parlé si souvent ; enfin la suave et délicieuse Suzanne de Saint-Amour, dont je suis aimé autant que vous l'êtes de sa jolie sœur, la chaste Benjamine. — Plaît-il ? comment ! cette femme est, dites-vous, la sœur de Benjamine ? — Sa propre sœur ! — Mais alors je suis un homme perdu ! s'écria Boudinot avec frayeur. — Perdu ! pourquoi ? interrogea Narcisse. — Parce que ce pendard de restaurateur va lui faire part de notre petite débauche avec nos deux voleuses ; et que cette Suzanne ne manquera pas d'en parler à Benjamine, qui me croit un petit saint, et scandalisée de ma conduite, est capable de rompre avec moi. — Erreur, cher ami, car les femmes, même les plus vertueuses, aiment les mauvais sujets : et cette petite aventure, en stimulant un peu la jalousie de Benjamine, ne fera que la rendre plus tendre à votre égard, dans la crainte de vous voir lui échapper. Ainsi, tel que vous me voyez, je ne suis pas du tout fâché que la belle de Saint-Amour apprenne que je suis un gaillard, un affreux mauvais sujet ! — Libre à vous de penser ainsi ; mais je crains en diable qu'il n'en soit pas de même de la part de Benjamine : aussi, vous prierai-je, mon cher ami, à la prochaine visite que vous ferez à cette Suzanne, de l'engager à ne souffler mot de cette aventure à sa sœur. — Soit ! pas plus tard que demain matin. — Ah ça, mais pourquoi ce titre d'oncle dont elle vous a si généreusement gratifié devant ce grand chenapan d'Allemand ? — Par bienséance, et pour éviter tout soupçon de la part du colonel dont ils allaient rejoindre l'épouse dans le salon du premier où les attendait, à ce qu'il paraît, grande et nombreuse société.

Tout en discourant ainsi, nos pédestres voyageurs, la bourse vide, le gosier altéré, avaient traversé le bois de Boulogne en longueur, l'avenue qui conduit à Passy, où près d'atteindre la pelouse, les sons joyeux d'un orchestre, qui exécutait un quadrille, vinrent retentir à leurs oreilles. — Qu'est-ce que cela ? — L'orchestre du Ranelagh ! Entrons-y, proposa Boudinot. — Ne ferions-nous pas mieux, au lieu de nous amuser en route, de nous rendre le plus tôt possible chez nos deux coquines afin de les forcer de nous restituer ce qu'elles nous ont volé ? demanda Narcisse. — Vous figurez-vous, cher ami, que ces femmes nous ont indiqué leur véritable demeure ? Vrai, je me prosterne devant votre candide innocence. Croyez-moi, faisons deuil de notre argent et de nos montres : que ceci nous serve de leçon ! et pour achever un peu gaiement cette maussade journée, allons voir sauter, rédower et polker les lorettes et fillettes du Ranelagh, termina Boudinot en entraînant Narcisse.

Il faut payer son entrée, mais heureusement que Boudinot est connu de l'administrateur du bal, qui les admet gratuitement avec autant de bonne volonté que de politesse, même en mettant tous ses rafraîchissements à leur disposition.

Une chaude et belle nuit d'été, un ciel resplendissant d'étoiles, des milliers de lumières, une foule de femmes coquettes, parées et jolies, faisaient de ce bal un féerique paradis, dans lequel erraient de tous côtés nos deux amis, le lorgnon dans l'œil, afin de mieux dévisager le beau sexe.

Un peu de fatigue, une soif ardente invitèrent Narcisse et Boudinot à s'asseoir à une table, sous un obscur et solitaire berceau, et à s'y faire servir des glaces.

Depuis un quart-d'heure, nos deux héros, silencieux et attentifs, regardaient circuler devant eux maints et maints couples amoureux, lorsque, dans le berceau voisin, — séparé du leur par une simple touffe de lilas, — vinrent s'asseoir deux hommes et deux femmes.

— Oh ! oh ! deux couples d'amants, écoutons-les, dit Narcisse vivement et à voix basse. — Des glaces ! c'est nous qui payons, fit une voix de femme dont le timbre éveilla aussitôt l'attention de Narcisse et de Boudinot. — Dis donc Annette, comment trouves-tu Dodolphe ? qui me tourmente, depuis une heure, pour que je lui fasse cadeau de ma montre, en promettant de m'en donner une de femme à la place... Compte dessus, mon petit ! — Eh bien ! ma chère, Gustave s'entend avec lui, car il me fait la même demande. Plus souvent ! une montre breguet avec sa chaîne en or, valant le moins quatre cents francs... On t'en donnera des petits couteaux pour les perdre, mon chéri ! — Suffit ! on se récuse, puisqu'on a affaire à des amantes inhumaines ; mais ce qui reste à savoir, c'est qui vous a donné ces chouettes bijoux ainsi que les espèces sonnantes dont vous êtes pourvues ? dit une voix d'homme tant soit peu enrouée et d'un accent traîneur. — C'est mon oncle, Gustave ; et maintenant contentez-vous des politesses que nos moyens nous permettent de vous offrir, sans en demander davantage. — Ce sont nos voleuses, dit Narcisse ; je les reconnais : que faire ? — Requérir la garde et les faire pincer, répondit Boudinot. — Ce sera trop long ! Présentons-nous et sommons-les de restituer, sous peine d'arrestation.

Et tout en disant ainsi, sans plus attendre l'avis de Boudinot, Narcisse, après avoir brusquement écarté le feuillage, d'un bond sautait hors du berceau et se présentait fier et menaçant aux deux jeunes filles qui, le reconnaissant aussitôt, s'empressèrent de se cacher le visage.

— Eh bien ! de quoi ? Que voulez-vous ? interrogea l'un des deux cavaliers, grand garçon à l'air décidé et tapageur, en toisant Narcisse et Boudinot, qui avait suivi son ami, de la tête aux pieds. — Nous voulons que ces deux péronnelles nous restituent nos montres et notre argent, répliqua Boudinot. — A l'instant même, sous peine d'être dénoncées et incarcérées, ajouta Narcisse. — Nous ne savons ce que vous voulez dire, et nous ne vous connaissons pas, dit effrontément l'une des deux filles. — Comment ? coquines ! vous osez... — De quoi, de quoi ? Tu te permets d'insulter nos épouses !

Et tout en disant ainsi, un des chenapans appliqua à Narcisse un violent soufflet qui le renversa sur la table, laquelle table, chargée de cristaux, roula, avec lui, à terre. Boudinot, furieux, voyant nos gens se disposer à fuir, leur barre le passage, tout en criant : — A la garde ! Mais l'infortuné se voit aussitôt saisi par quatre bras vigoureux qui l'envoient rouler sur Narcisse. Brisés, confus, nos héros se relèvent au milieu de la foule que leurs cris ont attirée ; mais c'est en vain que leurs yeux cherchent à reconnaître leurs voleuses parmi les femmes qui les entourent : elles ont disparu.

— Messieurs, pour le compte de qui est la casse ? demanda vivement un des garçons. — Pour le tien, animal ! si tu ne parviens à retrouver les misérables qui, non contents de nous avoir volés, viennent encore de nous rosser, mon ami et moi, répliqua Narcisse, tout en épongeant, avec son mouchoir, le bout de son nez, qu'avait endommagé un éclat de verre. — Ce qui m'importe à moi est que vous payiez la casse dont je suis responsable, reprit le garçon, en saisissant Boudinot au collet, lequel, par une forte poussée, l'envoie rouler au loin et tomber sur une jeune lorette dont il déchire la robe en deux, en essayant de se retenir après la jupe.

Le jeune cavalier de la lorette s'emporte et tombe sur Boudinot, auteur de la mésaventure ; Narcisse, pour défendre son ami, tombe à son tour sur le cavalier, dont les amis interviennent en tombant sur Narcisse et Boudinot ; de là, mêlée générale : les hommes frappent et jurent, les femmes crient, la gendarmerie et les sergents de ville, chargés de la police du bal, accourent en hâte ; puis, empoignent les combattants, qu'ils emportent hors du Ranelagh, pour les conduire au corps de garde de Passy, afin de comparaître, faute d'une autorité plus compétente, devant monsieur l'officier du poste desservi par la garde nationale.

En présence dudit officier, qui à lui seul forme tout un tribunal, nos gens, voulant avoir raison, parlent tous à la fois.

— Silence ! tout le monde, et que les principaux accusés s'expliquent les premiers.

Avis à Narcisse ainsi qu'à Boudinot qui, la tête baissée et de l'air le plus candide, se présentent à la barre pour raconter l'affaire ; et après que les plaignants et témoins eurent été entendus, ils furent condamnés à payer consommation, casse, et de plus la robe déchirée.

— Mais, mon officier, pour payer, il faut de l'argent ! et je viens d'avoir l'honneur de vous dire qu'ayant été dévalisés par deux coquines, nous ne possédons pas un rouge liard, fit observer Boudinot. — Alors, messieurs, vous irez coucher en prison, puisque vous ne pouvez payer. — En prison ! moi, Narcisse Grivois, qui possède quinze mille livres de rentes ; mais c'est une infamie ! — Monsieur Narcisse Grivois, vos malheurs, ainsi que ceux de monsieur Boudinot, m'intéressent au dernier point, dit d'un ton demisérieux, demi-moqueur, un jeune dandy qui faisait partie de la société des batailleurs. — Monsieur est bien bon! Mais je le préviens que je n'aime pas qu'on se fiche de moi, répliqua Narcisse d'un ton colère, en se redressant, et surtout en essuyant le bout de son nez, qui continuait de saigner. — Monsieur Narcisse Grivois, moi, Edouard Destigny, qui ai l'avantage de vous connaître de réputation, loin de prétendre insulter à vos malheurs, je vous prie d'accepter ma bourse et d'en disposer suivant vos besoins du moment, reprit le jeune homme en présentant ladite bourse à Narcisse, qui, tout surpris de cette confiance généreuse, fixait sur lui un regard hébété, et n'osait accepter. — Allons! prenez donc, monsieur! Au surplus, voici mon adresse; et le jour où il vous plaira de venir me restituer ce faible prêt, ce sera avec grand plaisir que je recevrai votre bonne visite. — Monsieur Destigny, quoique vous ayez aidé vos amis à nous rosser injustement, en faveur du service que vous daignez me rendre, ainsi qu'à ce cher Boudinot, ma rancune s'éteint; et, de ce moment, je deviens votre très-reconnaissant obligé. Ça, à votre tour, connaissez-vous ma demeure? ajouta Narcisse. — Je la connais. Ainsi donc, à revoir! monsieur Narcisse Grivois; et surtout, meilleure chance je vous souhaite.

Ayant dit ainsi, Edouard Destigny se retira, suivi de ses amis.

Quant à Narcisse, grâce à la bourse bien garnie qui venait de lui être prêtée si généreusement, il s'empressa, non sans mauvaise humeur, de payer les pots cassés; puis, suivi de Boudinot, de se jeter dans l'omnibus de Passy, qui les ramena à Paris, où ils gagnèrent vivement leur domicile, tout en jurant et en pestant contre leurs communes mésaventures de la journée.

Le lendemain, à son lever, Narcisse recevait un billet ainsi conçu et tracé de la main de Suzanne:

« — Je vous attends ce matin à déjeûner chez moi: venez, car j'éprouve l'horrible besoin de vous bouder et de vous quereller, affreux mauvais sujet!

» Votre sincère amie,

» SUZANNE DE SAINT-AMOUR. »

Narcisse avait à peine lu, qu'il était en bas du lit, en dépit de la douloureuse courbature qui brisait tout son corps, malaise provenant de la bataille de la veille.

N'importe, il ne peut rester sourd à l'appel de la beauté, à l'invitation d'une femme qui, sans doute, dans un doux tête-à-tête, va le récompenser de l'amour qu'il ressent pour elle, et des services qu'il lui a rendus en lui ouvrant sa bourse.

Tout en vaquant à sa toilette, et dans l'intention de perfectionner la raie de ses cheveux, Narcisse jette un regard dans la glace, puis recule épouvanté en apercevant le changement affreux survenu dans son physique. Impossible! Ce visage jaune, bleu, sillonné d'égratignures, ce nez gonflé, dont le bout est orné d'une profonde cicatrice, ne peut être le sien. Hélas! comment, avec une figure semblable, oser se montrer à une jolie femme, sous peine de détruire instantanément le tendre sentiment qu'il a su lui inspirer? Encore une fois, impossible!

Et te parti pris, Narcisse prend la plume pour s'excuser auprès de Suzanne de ne pouvoir se rendre à son invitation, étant retenu chez lui par une forte indisposition.

C'était le portier Jean Corniquet que notre ci-devant jeune homme a chargé de porter sa lettre.

Narcisse, couché près de deux heures, étendu nonchalamment sur un grand fauteuil, attendait la réponse qu'il espérait, lorsqu'un violent coup de sonnette vint, en sursaut, l'arracher à l'espèce d'engourdissement dans lequel son malaise l'avait plongé. C'est en grommelant qu'il va, en se traînant, à travers les chambres, ouvrir sa porte pour reculer aussitôt, de honte et de surprise, en reconnaissant Suzanne dans le visiteur qu'il envoyait au diable avant de le connaître.

— Ah! mon cher, que vous êtes laid comme cela! s'écria Suzanne, pour ensuite donner cours à un violent éclat de rire. Ça, cher, veuillez m'apprendre, je vous prie, qui ou quoi vous a fait cette figure de pomme cuite? reprit la jeune lorette, tout en pénétrant au salon où elle se laissa choir sur un tête-à-tête. — Vous voyez en cela, ma trèsbelle, les inconvénients de la bravoure, ce qu'on gagne à se faire le défenseur de la beauté opprimée, répliqua Narcisse tout en se plaçant à côté de Suzanne. — Je ne comprends pas, fit cette dernière. — Sachez donc, belle amie, qu'hier, en traversant le bois de Boulogne, mon camarade et moi nous fûmes forcés de prendre la défense d'une jeune dame que plusieurs mauvais sujets insultaient... — Oui, je devine; vous vous êtes battus. Pourriez-vous bien me dire, monsieur, pourquoi vous vous permettez de protéger d'autres femmes que moi, votre amie, et de m'abîmer votre figure au point de la rendre hideuse et méconnaissable? interrompit la rusée Suzanne d'un ton câlin et en glissant son bras autour du cou de Narcisse, que cet amical reproche et ce tendre attachement remplissaient d'amour et de joie. — A propos! reprit vivement Suzanne en repoussant l'amoureux Narcisse, méchant bête que je suis! J'oublie en cet instant qu'emportée par la tendresse de mon faible cœur, je prodigue mes caresses à un homme ingrat, perfide, inconstant, lequel, hier, s'est permis de conduire au bois la femme qu'il m'a donne pour rivale; et cela, après m'avoir juré qu'il n'adorait que moi. Ah! ah! monsieur le coureur! c'est donc ainsi que vous tenez vos serments d'amour? que vous oubliez les rendez-vous, que je vous donne chez moi, pour conduire d'infâmes grisettes dans des cabinets particuliers et les faire voler, dévaliser par elles? Ah! vous débauchez l'amoureux de ma pauvre et confiante petite sœur, en le faisant participer à vos honteuses orgies? Mon Dieu! suis-je assez malheureuse? Un homme, un seul, sait trouver le chemin de mon cœur; son âge respectable me fait espérer que j'ai rencontré un ami fidèle et sincère pour lequel, hier soir, je quitte de bonne heure une société de dames vertueuses et de la haute, afin d'accourir chez moi pour y recevoir monsieur. Ah! bien oui, bernique! Tandis que je mourais d'ennui, dans l'attente, mon volage fignolait au bal du Ranelagh; monsieur insultait les femmes, et se faisait rosser par leurs amants! — Comment! Suzanne, vous savez tout cela? interrompit Narcisse honteux et surpris. — Je sais tout, monsieur. Lorsque j'aime un homme, redoutant l'inconstance si naturelle à son sexe, j'ai pour habitude de faire surveiller ses actions et ses démarches par ma police secrète. — Suzanne, ma toute belle, je vous assure qu'un tendre intérêt, et non un coupable désir, m'a fait hier prendre en pitié ces malheureuses grisettes qui, dénuées d'argent, avaient faim et soif. — Ne cherchez pas à vous excuser, et, par le mensonge, n'aggravez pas encore plus à mes yeux les torts de votre infâme conduite... Et dire que, plus tard qu'hier, j'ai refusé les offres brillantes que me faisait un boyard prussien, pour rester fidèle à monsieur... Ah! Narcisse, votre manière d'agir est bien déloyale... Car, enfin, si j'avais accepté ce que m'offrait ledit boyard, aujourd'hui je ne serais pas, faute d'un misérable billet de banque de mille francs, dans la cruelle attente de la visite de l'huissier qui doit venir saisir mes meubles et mes cachemires... Hélas! c'est à en mourir de regret et de douleur! termina Suzanne en portant son mouchoir à ses yeux comme pour en essuyer les larmes. — Est-ce que les cinq cents francs que je vous ai prêtés hier, il n'y aurait pas possibilité d'arrêter cette funeste saisie? s'informa Narcisse. — Impossible! j'ai essayé d'apaiser mon créancier en les lui remettant comme un à-compte sur les quinze cents dont je lui suis redevable; mais le traître est demeuré implacable, et il ne me reste plus pour toute ressource que la générosité du boyard, aux genoux duquel je cours me jeter de ce pas, terminait Suzanne en se levant; mais Narcisse la retint et la força de se rasseoir. — De cet cela, ajouta Narcisse, votre dévouement pour moi ira jusqu'à demander à un homme amoureux, et qui exigera... Suzanne, vous ne me causerez pas ce chagrin? — C'est facile à dire; mais l'huissier s'arrêtera-t-il devant toutes ces considérations? il n'y a pas de danger! Laissez-moi donc partir, infidèle! ingrat! monstre! — Allons! calmons ce courroux, séchons ces larmes que voudraient recueillir mes lèvres, adorée Suzanne! dit Narcisse en enlaçant la rusée lorette de ses bras amoureux.

Une heure plus tard, Suzanne s'échappait souriante du domicile de Narcisse en serrant précieusement dans sa main le billet de banque en question.

Tout en traversant la cour de la maison, Suzanne éleva un regard furtif jusqu'à la mansarde de sa sœur, et de ses lèvres s'échappèrent ces mots:

— Vertu, mais misère!.... Pauvre Benjamine! pauvre dupe!

X. — UN AN PLUS TARD.

Une année s'est écoulée depuis les derniers événements qu'on vient de lire, et de grands changements se sont opérés dans la rue Richer.

M. Rodino qui s'est fait adjuger la succession de la tante

de Bourgogne, au préjudice de sa sœur qu'il a fait déshériter, a changé de demeure pour se donner un plus vaste local à meilleur marché, en quittant le beau quartier où sa jaune moitié se trouvait déplacée et mal à l'aise, et aller habiter un faubourg; et comme un bonheur n'arrive jamais seul, dit-on, et cela le prouve, les époux Rodino ont bénéficié du modeste mobilier des demoiselles Rabus, lors du décès de la plus jeune des deux, morte de la poitrine; puis encore fait fourrer l'autre dans un triste couvent de Saint-Denis, après avoir persuadée à la pauvre idiote qu'il était grand temps qu'elle pensât à son salut, et que pour marcher dans le chemin qui conduit au ciel, chemin fort étroit, elle n'avait nul besoin de s'y traîner un mobilier dont ils consentaient à la débarrasser par pure obligeance. Narcisse Grivois, de son côté, est allé demeurer rue Blanche, pour y occuper un modeste appartement, économie imposée à notre Céladon par les immenses sacrifices pécuniaires que lui ont coûté les caresses d'une femme qu'il adore depuis une année, et ayant nom Suzanne de Saint-Amour.

Boudinot, fort gêné dans son budget depuis le jour où il fut volé au bois de Boulogne de sa montre et d'un mois d'appointements, et, de plus, arriéré de deux termes, grâce à la générosité de son propriétaire, conseillée par Jean Corniquet le concierge, a reçu congé de la chambre qu'il occupait, et à son grand regret, contraint de quitter le voisinage de Benjamine, notre jeune homme est allé s'installer dans une autre mansarde de la rue Saint-Nicolas-d'Antin, située au sixième, au-dessus de l'entresol.

Depuis mois, madame veuve Dorval, après une longue et douloureuse maladie, et avoir vendu son riche mobilier, ne possédant plus pour toute fortune qu'un revenu de deux mille cinq cents francs, intérêt d'une cinquantaine de mille francs que son beau-frère Destigny a fait la grâce de lui abandonner, par orgueil que par pitié, madame Dorval donc, avec ses deux jeunes et belles filles, s'est retirée au village de Livry, situé près de celui de Montfermeil, installée dans une petite maison, située près de la forêt, asile champêtre où, loin du monde, la douce famille vit solitaire, ne recevant, en fait d'amis, que Benjamine à qui elle a voué une éternelle amitié, en faveur des bons soins que la bonne fille n'a cessé de prodiguer à madame Dorval, lors de sa longue maladie. Benjamine est donc devenu la troisième enfant de la veuve, et, comme Stéphanie et Amandine, elle a sa chambre dans la maison, petit paradis qu'elle occupe chaque fois qu'elle vient à Livry visiter sa nouvelle famille et passer quelques jours avec elle, puis apporter de l'ouvrage en broderie que Benjamine recrute dans tous les magasins de Paris, et qui se confectionne en commun, travail de fée dont le salaire, en augmentant de quelque peu le revenu de la famille, y introduit l'aisance et la facilité de secourir les malheureux qui, au seuil de la maison, viennent implorer la charité.

Un soir, il y avait grande société dans le riche salon de madame Suzanne de Saint-Amour; beaucoup de jeunes lions, une foule de jeunes femmes, coquettes et rieuses, composaient cette réunion où le sans-façon le plus décolleté, une gaité vive et bruyante remplaçaient la froide étiquette.

— Liberté franche et entière! et vive la joie! s'était écrié la maîtresse de céans.

Or, usant largement de leurs franches coudées, les uns autour d'une table de jeu, risquaient une pile d'or sur un coup de carte, les autres, répandus pêle-mêle çà et là sur des sièges et de moelleux coussins, faisaient l'amour; le verre à la main en fumant des panatellas, dont la pâle fumée, s'élevant en spirale, formait un nuage qui, tournant autour des bougies des candélabres, en obscurcissait la lumière.

— Qui vient de prononcer mon nom? demanda Destigny, qui faisait partie des invités, en se redressant sur la chaise longue sur laquelle il était étendu, et en train de regarder s'élever la fumée qu'il chassait de sa bouche. — C'est Eugénie, cette toute belle qui, après avoir manifesté sa surprise de te voir sans cesse vivre seul, me demande si c'est que les femmes ne seraient pas antipathiques à ton cœur de glace, répondit un des jeunes gens. — Un cœur de glace! reprit Destigny, Allons donc! j'ai adoré sérieusement trois femmes en ma vie; voici ce qui advint: La première, une blonde superbe, dix-huit ans au plus; elle me jurait de m'adorer au-delà du tombeau. Au bout d'un mois, elle en aimait un autre. Je pleurai sa perfidie, je me désespérai. Elle engraissa et s'amusa.

Un éclat de rire général salua ce naïf aveu.

— Et la seconde? interrogea Suzanne. — Elle était brune, avait vingt ans; celle-ci ne me jura que de m'aimer toute la vie; trois mois plus tard, elle ne pensait plus à moi; je priai, conjurai, m'emportai. Elle pleura, bâilla et courut au bal de l'Opéra. La troisième avait l'œil bleu, le sourcil noir, les dents blanches, les cheveux châtains, la taille svelte, un bras superbe, le pied mignon; elle promit de m'aimer longtemps... Un an après, j'étais indignement trompé par elle, et je le découvris. Alors je me fâchai, je m'emportai, je la rossai même; cela fit un superbe effet, car l'infidèle revint à moi, elle m'adora, m'obséda; je la plaignis, la repoussai, la détestai et la congédiai sérieusement et à perpétuité. Or, je déduis de tout ceci ça: Aimez les femmes lorsqu'elles sont jeunes, elles vous quittent; aimez-les jolies, elles vous trompent; soyez assez fou pour en épouser une! oh! alors... nous savons tous ce qui peut en advenir, termina Destigny du plus grand sang-froid en s'étendant sur la chaise longue. — Cela est un atroce raisonnement, fit entendre une jolie lorette couchée nonchalamment entre les bras de son amant: parce que vous n'avez jamais eu affaire qu'à des femmes sans cœur, cela prouve-t-il qu'elles sont toutes de même et incapables d'aimer sincèrement?

Et en terminant cette observation, notre lorette leva un œil languissant et interrogateur sur son amant, qui paya cette remarque et ce regard d'un baiser.

— Alors, admettons qu'il n'y a pas de règle sans exception, reprit Destigny; quant à moi, je garde mon dire: La femme est un être insaisissable, à bien fin est celui qui sait le fixer. — Cependant, cher ami, je te soutiendrai que ton dire est peu sérieux, et qu'il est encore des minois capables d'éveiller ta sensibilité: la preuve de ce que j'avance est dans les efforts que tu fis, ici même, durant un joyeux festin, dans l'espoir de te faire écouter de la jolie, très-charmante Benjamine, la sœur de notre dame de céans, dit un des jeunes gens en s'adressant à Destigny. — Oui, ce fut une velléité, un caprice qui me passa par l'idée: ce jour, j'étais profondément las des ingénuités de l'Opéra, des bonnes fortunes à prix d'argent; habitué que je suis à ne faire que peu de frais auprès des femmes, je me piquai, et par cette raison peut-être, qu'il me serait un peu plus difficile de réussir auprès de cette petite dont Suzanne m'avait vanté la farouche vertu. J'avoue que je fis quelques frais, mais, hélas! en pure perte, car la sauvage repoussa mes avances et disparut comme un éclair. — Eh bien! il fallait relancer le tendron jusque dans sa mansarde, et, là, triompher quand même de ses innocents scrupules, après l'avoir mise aux abois. — Chut! Édouard. Voulez-vous bien ne pas donner de semblables conseils, surtout lorsqu'il s'agit de ma chère petite sœur, un ange de bonté, de douceur et de vertu. — En vérité! mais alors le triomphe de Destigny n'en eût été que plus beau, plus piquant. — J'avouerai, mes amis, que telle avait été mon intention; mais Suzanne, qui était bonne pour moi par esprit de charité, s'opposa sérieusement à ce projet, en me menaçant de toute sa colère si je passais outre, dit Destigny en riant. — C'est dommage! cette Benjamine ferait une ravissante maîtresse. — Pour laquelle je me serais ruiné, sans doute. — Bah! laissez donc! vous ruiner, impossible! On dit que votre père est un véritable Crésus, et vous êtes fils unique, fit Suzanne. — Un fils, enfant chéri et gâté, à qui, il y a dix mois au plus, son digne papa a donné pour étrennes quelque chose comme trois cent mille francs, résultat d'un procès qu'il venait de gagner contre son beau-père, et lequel il plaidait, dit Édouard. — Fichtre! les belles étrennes! firent en chœur toutes les dames. — Destigny, qu'avez-vous fait de tout cela? demanda Suzanne. — Après en avoir gaspillé une bonne partie, avec le reste je me souviens d'avoir fait l'acquisition de quelques morceaux de terre en Bourgogne, d'après le conseil que me donna mon père, homme positif et conservateur en diable.

Comme Destigny terminait ces mots, un coup de sonnette, parti de la porte de l'appartement, vint résonner jusqu'au salon.

— Silence et réserve, mes amis, car ceci m'annonce l'arrivée de mon respectable protecteur, M. Narcisse Grivois, qui se rend à mon invitation... Surtout pitié pour ce grotesque, mes très-bons, dont la générosité a su trouver le chemin de mon cœur, et qui, ce soir, vous offre à souper en mon nom.

A cette invitation de la part de Suzanne, les hommes se redressent sur leurs sièges, les femmes s'arrachent aux tendres étreintes de leurs amants, et l'ensemble étant devenu des plus convenables, Suzanne donna l'ordre d'introduire le grotesque en question, lequel, sous la figure de Narcisse Grivois, se présenta fier comme un coq, A sa rencontre s'était empressée d'accourir Suzanne pour l'apostropher du doux nom de : Mon chat!

Narcisse entra dans le salon, armé d'un sourire heureux et vainqueur. Chacun à l'envi s'empressa d'accueillir amicalement le véritable amphitryon de la fête et du splendide souper annoncé par Suzanne, et duquel la pendule, en sonnant la douzième heure de la nuit, donna bientôt le désiré signal.

Ils étaient quinze à table, tous d'une gaîté excentrique qu'animaient de plus en plus les flots d'une foule de vins exquis et généreux.

Tout en mangeant, buvant et faisant les yeux en coulisse à ses voisines de côté et de face, Narcisse faisait encore lui-même la remarque flatteuse que jamais il n'avait été autant adulé, flatté et caressé par Suzanne qu'en cette heureuse nuit.

En effet, il y avait ce soir chez la jeune femme, à l'égard de Narcisse, quelque chose de doux et d'irrésistible; penchée câlinement sur lui, fixant sur les siens un regard rempli de tendresse, l'enchanteresse semblait vouloir le fasciner à force d'amour et de tendres caresses.

— Décidément, si cette femme me coûte un argent fou, je suis véritablement adoré, se disait Narcisse en rendant caresse pour caresse.

Mes amis, fit enfin Suzanne après un bruyant toast en l'honneur de Narcisse, en se levant avec dignité, surtout après avoir remarqué que son gros amant en était arrivé à l'état d'ivresse et d'exaltation qu'elle s'était efforcée de provoquer en lui, mes amis, reprit-elle, en voyant le silence rétabli et tous les yeux tournés sur elle, il est temps enfin, de vous faire connaître le but véritable qui m'a fait vous réunir chez moi cette nuit. Sachez donc qu'il ne s'agit rien moins que du bonheur de ma vie entière. Écoutez! — Nous écoutons! firent en chœur tous les convives. — Jusqu'alors, mes bons amis, mon cœur s'était bêtement abusé en croyant avoir connu le véritable amour et ressenti tous ses feux. Eh bien! il n'en était rien, car l'innocent avait simplement pris au sérieux ce qui n'était que l'effet du caprice. Mais aujourd'hui, chers bons, je viens vous confesser que j'ai trouvé un vainqueur, à qui toute l'aveu que ce cœur, jusqu'alors insensible, aime d'un amour violent, sincère, éternel! — Bravo! fit Destigny en riant; puis, reprenant : Ne pourrait-on, chère belle, connaître l'heureux et adroit mortel qui a su fixer en vous la plus gracieuse comme elle était jadis la plus indifférente des femmes? — Oui, oui, adorable Suzanne! nommez-nous cet heureux vainqueur, que je crois connaître, s'écria Narcisse, qui, sous l'empire de l'ivresse du vin et de l'amour, et tout en enlaçant de son bras la taille de la jeune femme. — Quoi! c'est vous qui demandez son nom? cher bien-aimé, reprit Suzanne de l'expression d'un tendre reproche, en prenant dans ses deux mains la tête du gros garçon, qui ne se sentit plus de joie. Oui, mes amis, reprit Suzanne d'un ton sérieux, en montrant Narcisse : voilà l'homme dont les nobles et généreux sentiments ont su remplir mon cœur d'un amour sérieux, l'homme délicat qui m'aime avec ardeur et constance depuis plus d'une année, et qui, voulant renoncer à ma vie mondaine et dissipée, je consens à faire enfin le bonheur, en lui donnant ma main avec mon cœur. — Comment! un mariage, une noce! mais c'est charmant! Et nous en sommes? s'écria une jeune blonde. — Chère amie, je préfère un lien moins vulgaire que celui de l'hymen, si cela vous est égal, surtout ayant fait, depuis longtemps, le vœu de mourir garçon, dit Narcisse hébété, sous l'influence de la surprise où venait spontanément de le plonger la conclusion de Suzanne. — Quoi! Narcisse, vous dites-vous! l'aveu laissez échapper de mes lèvres l'aveu imprudent que mon faible cœur partage les sentiments du vôtre, et vous me refuseriez le titre d'épouse que j'ambitionne! mais alors votre amour n'est donc qu'une feinte, un caprice?... Oh ciel! fut-il jamais femme plus dupe et plus malheureuse que moi!... s'écria la rusée lorette de l'accent de la douleur et du dépit. — Mon Dieu! chère amie, je vous adore, rien n'est plus vrai, mais jamais mon intention n'a été de... — M'épouser, n'est-ce pas? interrompit vivement Suzanne. Eh bien! Monsieur, reprit-elle d'un ton sec et en tirant un papier de son sein, comme mon intention est d'être sage à l'avenir et de réhabiliter ma réputation, tant soit peu compromise, je vous préviens qu'il faut me signer la promesse de mariage que voilà, ou vous décider à nous séparer à l'instant même et pour toujours. — Vous séparer! quelle folie! Deux amants tels que vous, si bien faits l'un pour l'autre, doivent s'unir pour la vie, dit un jeune convive. — Allons, mon cher Narcisse, acceptez, et par un fol entêtement, gardez-vous de vous priver de l'amour et de la possession d'une compagne que le ciel a créée pour embellir vos jours, fit Destigny d'un ton sérieux. — Hélas! que n'est-ce sur moi, belle Suzanne, que vous ayez déversé autant d'amour! Qu'il me serait doux, alors, d'accepter le titre d'époux que me semble repousser en ce moment le plus insensible des hommes, dit pathétiquement un convive tout en fixant son regard sur Narcisse auquel il versait force champagne en ce moment, Narcisse qui, muet, embarrassé, fixait tour à tour Suzanne et le papier placé sous ses yeux. — Allons, cher Narcisse, cédez, croyez-moi; n'hésitez pas davantage à combler les vœux de la femme que vous avez su fixer, et qui vous rendra le plus heureux des mortels passés, présents et futurs, reprit, d'un air engageant, Édouard Destigny. — Oui, oui, mariez-vous! mariez-vous! criait-on de toutes parts; et Narcisse ainsi grisé, poussé, engagé, caressé et fasciné par le tendre et suppliant regard que Suzanne fixait sur lui, prit la plume, et sans prendre la peine de lire, signa et parapha la promesse de mariage par laquelle il s'engageait à payer à ladite Suzanne Morel la somme de cent cinquante mille francs s'il venait à se dédire.

La fine lorette qui, de longue main, avait tendu à Narcisse le piège dans lequel l'ivresse, encore plus que l'amour véritable, venait de le faire tomber, Suzanne donc s'empressa de reprendre ladite promesse, pour ensuite courir la mettre en sûreté en l'enfermant dans son secrétaire; et cette affaire terminée, la nuit s'acheva folle et rieuse.

XI. — LES RENSEIGNEMENTS.

Deux jours après ce qu'on vient de lire, un riche tilbury entrait bruyamment dans la cour de la nouvelle demeure de M. Rodino, et de ce léger véhicule s'échappait un élégant jeune homme qui, après s'être informé au concierge, s'élança sur l'escalier qu'il franchit en fredonnant pour ne s'arrêter, tout essoufflé, qu'à la porte de l'employé des postes dont il effaroucha la jeune épouse par le bruit d'un violent coup de sonnette.

Qui osait ainsi venir troubler la solitude de cet antre d'égoïsme? Qui osait demander entrée dans ce taciturne asile que ne foulait jamais le pied d'un parent, ou celui d'un ami? Et tandis que les deux époux, stupéfiés par la surprise, s'interrogeaient d'un regard sombre, un second coup de sonnette non moins sonore que le premier venait de nouveau retentir à leurs oreilles.

Allez donc ouvrir, madame, fit enfin le mari d'un air capable. — Allez-y vous-même, monsieur Rodino, car la femme de ménage et notre porteur d'eau étant venu ce matin, et après ces gens, n'attendant jamais autres personnes, je ne puis comprendre qui se permet de nous interrompre. Allez, tandis que je vais m'empresser de cacher les apprêts de votre déjeuner, dans la crainte que cette visite ne soit celle de quelque vorace affamé.

Approuvant cette sage précaution, le mari quitta la table devant laquelle il était assis, et d'un pas grave il se dirigea vers la porte qu'il ne fit d'abord qu'entr'ouvrir juste assez pour que son regard aperçut de quelle espèce était le visiteur.

— Monsieur Rodino? — C'est ici, monsieur, répliqua notre homme, qui en voyant un homme bien mis, s'empressa de prendre son air souriant, en ouvrant sa porte toute grande. — Est-ce vous, monsieur? — Moi-même, pour vous servir si j'en étais capable... Mais, vous-même, monsieur?... — Je suis Édouard Destigny; c'est moi, monsieur, qui d'après le dire de mon homme d'affaires, ai fait l'acquisition des terres situées en Bourgogne, terres dont vous avez hérité après le décès de madame votre tante, je crois... — Oui, monsieur. Mais donnez-vous donc la peine d'entrer, monsieur, fit Rodino de l'air le plus aimable et avec empressement, pour ensuite précéder le visiteur, afin de lui montrer le chemin et de l'introduire dans sa plus belle chambre, où il s'empressa de lui offrir un siège. — Est-ce que, par hasard, je serais redevable de l'honorable visite que me fait monsieur à quelque défaut ou négligence dans les actes de vente? reprit Rodino impatient de connaître le motif qui amenait chez lui ce visiteur. — Non, monsieur, car lesdites actes sont parfaitement bons et valables, et c'est en voulant m'en convaincre, en les parcourant hier, que j'ai découvert que vous habitiez précédemment la rue Richer et la même maison d'une mienne parente, que je ne connais que de nom. — Et ce nom est?... — Dorval, répliqua Destigny. — Ah! ah! en effet; contre le mari de laquelle monsieur votre père eut à soutenir un rude procès, m'a-t-on dit? — Mon père était dans son droit et gagna sa cause. — Comme de juste, fit Rodino en riant selon son habitude, d'un gros rire saccadé; puis continuant : Il s'agissait, je crois, d'une somme de trois cent soixante-dix mille francs qui fut, dit-on encore, remboursée à monsieur votre père immédiatement après la vente de l'immeuble et la mort du sieur Dorval? — Remboursée, en effet, moins les soixante-dix mille francs que mon père, soit par oubli ou négligence, a laissés entre les mains de la veuve Dorval. — Quelle imprudence!... Et vous vous êtes sagement empressé de vous faire restituer cet argent? — Ma foi non! car, m'a-t-on dit, la chère tante, ruinée de fond en comble, n'existe, elle et ses deux filles, que du chétif intérêt que produit cette somme. Mais comme il pourrait se faire qu'il en fût autrement, grâce à de sages économies faites en des temps plus heureux, je serais bien aise de connaître à fond la position pécuniaire de Mme Dorval, et s'il serait possible, sans trop gêner la chère dame, ni l'affliger en rien, d'exiger d'elle le remboursement de cette somme. C'est donc en cette intention, monsieur, et l'espoir d'être renseigné par vous qui avait été le voisin de cette famille, que je me suis permis de vous faire ma visite. — Je comprends : ce sont mes sages et prudents conseils que vous venez puiser? disait Rodino tout en cherchant déjà dans sa tête s'il ne pourrait pas profiter de cette circonstance pour s'attirer quelque petit profit. — Vos conseils? pas positivement, quoique je les croie excellents! mais seulement quelques renseignements concernant la position de fortune de la veuve Dorval, reprit Destigny. — A vous répondre franchement : fort peu curieux de mon naturel, ayant pour habitude de ne jamais m'occuper des affaires d'autrui, je suis peu capable en ce moment de vous renseigner selon votre désir, et cependant jaloux de vous être utile et de justifier la bonne confiance que vous daignez placer en moi, je consentirais volontiers à prendre moi-même d'exactes et scrupuleux renseignements, concernant la veuve Dorval, ainsi que de vous les communiquer si vous pouviez m'accorder quelque jours. — Mais, très-volontiers, monsieurs Rodino, d'autant mieux que la réputation d'homme de bien dont vous jouissez à juste titre, m'est un sûr garant que de votre bouche impartiale il ne sortira que la vérité. — La pure vérité, monsieur, comme doit toujours la dire un bon chrétien, surtout lorsqu'il s'agit d'une somme aussi importante que celle qui est due par madame veuve Dorval, reprit Rodino avec componction. — C'est cela, monsieur, obligez-moi de vous informer si cet argent est véritablement indispensable aux besoins de cette dame et à ceux de sa famille; si encore elle est digne, par la moralité de sa conduite, que je lui en fasse l'abandon auquel je me sens presque disposé s'il était nécessaire. — Soixante-dix mille francs sont, certes, un assez riche présent pour qu'on y regarde à deux fois avant d'en disposer : aussi, comptez sur mon zèle et ma prudence pour vous éclairer et bien vous renseigner en cette circonstance; petite satisfaction que je vous promets sous deux ou trois jours, époque à laquelle, si vous voulez me le permettre, j'aurai l'avantage d'aller vous rendre l'honorable visite que vous daignez me faire aujourd'hui. — Très-volontiers, cher monsieur, dit Edouard en remettant sa carte à Rodino, et tout en se levant pour prendre congé de lui.

Après avoir été humblement reconduit jusqu'à sa voiture par ledit Rodino, dont l'épine dorsale s'était pliée plus de vingt fois dans le court trajet qu'ils avaient à parcourir, le jeune homme partit avec toute la rapidité de son beau coursier qu'il dirigea vers la rue Richer, voulant satisfaire une idée qui, tout en roulant, lui avait passé par la tête, celle enfin d'aller puiser les renseignements qu'il désirait ardemment recueillir à la maison occupée anciennement par la famille Dorval.

Il arrive, et, désireux de connaître la demeure du propriétaire, c'est au portier Jean Corniquet que s'adresse Destigny.

— Le propriétaire est en voyage; mais si c'est quelque chose qu'on puisse lui faire dire, vous n'avez qu'à me le communiquer, répondit le cerbère. — Dites-moi, c'est bien dans cette maison que demeurait, il y a peu de temps, la famille Dorval? s'informa Destigny après un moment de réflexion. — Oui, nous avons eu ça, fit d'un air dédaigneux, la femme Corniquet. — Il m'est important de bien connaître ces personnes, leur position de fortune et surtout leur moralité : pouvez-vous m'être de quelque utilité en cette circonstance? — Oui, et un peu, je dis. Est-ce que vous voudriez, par hasard, rehausser leurs finances, afin de les remettre à même de recommencer leur esbrouffe? s'informa le cerbère, et accompagnant ces mots d'un sourire satanique. — Répondez sans réflexion, répondit Destigny avec sévérité. — Eh ben! quoique vous voulez qu'on vous dise de ces gens-là? que ce sont des faiseurs d'embarras, des mange-tout, et ses filles des bégueules qui craindraient de se salir les mains si elles faisaient quéqu'chose d'utile! Et puis encore, que ça envoie, chaque jour, au diable le cher beau-frère qui, en gagnant le procès, les a flanqués dans la panne; c'est-y ça que vous vouliez apprendre? débita la portière avec impatience, et tout en fixant sur Destigny un regard insolent. — Diable! il paraîtrait que la madame Dorval, en quittant cette maison, aurait oublié de vous dorer la langue à son égard. Or, répondez, apprenez que je ne suis pas d'humeur à endurer les insolences d'une valetaille de votre espèce; que j'ai pour habitude de payer sa soumission avec de l'or, et ses impertinences à coups de cravache. Or, répondez avec vérité à mes questions, et surtout sans haine, si cela vous est possible... Pensez-vous que le procès qu'a perdu M. Dorval ait entièrement ruiné sa famille? ajouta Destigny, tout en jetant dédaigneusement une pièce d'or sur la table du cerbère, chez qui cette générosité inattendue opéra une subite révolution, celle de métamorphoser leur insolente jactance en humble et basse servitude. — Voyons, Jean! réponds donc à monsieur, du moment qu'il s'adresse poliment, reprit la portière en voyant son cher et digne époux demeurer muet et interdit, le regard rivé sur la pièce d'or. — Dame! il me semble que lorsqu'on est ruiné, ce n'est pas là le cas de prendre à son service une femme de chambre et de se donner une maison de campagne, ainsi que l'a fait ladite dame Dorval presque aussitôt après la mort de son mari, répondit Corniquet. — Et surtout une femme de chambre, excellente ouvrière, ce qui doit exiger de forts gages, ajouta la portière. — C'est à Livry, m'a-t-on dit, que se sont retirées madame Dorval et ses filles? fit Destigny. — Comme vous dites, monsieur, près de Montfermeil, village aristo, bon genre. Rien de trop beau pour ces gens qui se disent ruinés, et n'en font pas moins de la dépense et de l'embarras. — On dit les demoiselles Dorval belles et bien élevées? reprit le jeune homme. — Ah!... on vous a dit ça? Excusez!... Y sy connaissent ceux-là... Belles!... des maigrichonnes, de véritables figures de carême, et puis, des mijaurées élevées à ne rien faire que leurs volontés, n'aimant que la société, le bal et le pestacle. En v'là de fameux sujets! Si jamais celles-là trouvent des maris, elles auront une fameuse chance, débita la femme Corniquet d'un ton traîneur et poissard. — Et la mère bonne, reprit la digne époux, en v'là une qui aurait été bon aise de s'en faire conter par ce brave M. Grivois; mais c'est dommage que ça n'a pas pu prendre, et qu'elle en a été pour ses frais de gentillesse. — Et du vivant de son benêt d'époux, encore. Fi! une mère qui doit donner de bons exemples à ses filles! ajouta la portière avec indignation. — Enfin, mon cher monsieur, c'est au point que... — Assez! je n'en veux point entendre davantage, dit Destigny avec dégoût, en interrompant le portier, pour aussitôt quitter la loge, remonter en voiture et s'éloigner rapidement.

XII. — UN TROUBLE FÊTE.

C'était un dimanche, jour de fête au joli village de Livry, où s'était rendue une foule de Parisiens des deux sexes.

Il y avait mât de cocagne, loterie en pain d'épice, de confiseries et de mirlitons; deux grands bals à illuminations devaient avoir lieu, le soir, dans la partie du bois appelée les Bosquets, et cette joyeuse journée, qu'éclairait un beau soleil sur un ciel d'azur, devait se terminer par un brillant feu d'artifice.

Les paysans, endimanchés, la tête dans leur col de chemise raide comme du fer-blanc, cravatés à la républicaine et habillés de velours, se promenaient, par bandes, dans le village, en hurlant des refrains grivois, en débitant de lourdes et grossières facéties aux jeunes filles qu'ils rencontraient sur leur passage.

Il se faisait encore, dans la maison de madame veuve Dorval, de grands préparatifs, car il ne s'agissait rien moins pour Stéphanie, Armandine et la bonne Benjamine, devenue la troisième enfant de la maison, que de fêter non seulement la patronne du pays, mais encore madame Dorval. — Enfin deux fêtes en un jour à souhaiter et à célébrer.

Un grand ordonnateur, dans la personne de M. Boudinot, avait été appelé par nos trois jolies filles, afin de venir à leur aide, car il s'agissait d'une grande surprise destinée à leur mère et amie bien-aimée.

Grâce au bon goût et à l'activité du jeune homme, dès l'aube du jour, la fenêtre de la chambre à coucher de madame Dorval, qui donnait sur le jardin, avait été ornée de guirlandes de fleurs. L'espace nécessaire pour dresser une table de dix couverts, espace qui, après le repas, devait se transformer en salle de bal, ornée de lanternes de couleur, avait encore été ratissé et sablé au milieu du jardin. Le piano, enlevé sans bruit du petit salon, avait été transporté dans ladite salle, et placé secrètement sous un petit berceau de chèvre-feuille.

Maintenant, sachons en quoi consistait le programme des fêtes et cérémonies qui allaient avoir lieu dans la demeure de la sage et intéressante famille.

A six heures du matin, heure à laquelle se levait ordinairement madame Dorval, dont l'habitude, après sa sortie du lit, était d'ouvrir la fenêtre de sa chambre, afin d'y laisser pénétrer le soleil et l'arôme bienfaisant des plantes, madame Dorval donc, ce matin-là, devait éprouver l'agrément de se heurter le nez sur son chiffre tressé en fleurs, et suspendu au milieu de ladite fenêtre. — Cette petite surprise, de l'invention de Boudinot, après avoir, selon le dire de l'auteur, flatté agréablement la dame, l'engagerait à descendre vivement au salon où, pour comble de surprise, l'attendaient ses parents ; — ces derniers se composant seulement de Benjamine et de Boudinot, qui tous devaient à son entrée lui sauter au cou, l'étouffer à force d'embrassements, lui souhaiter cent ans de vie et de bonheur, le tout partant du cœur et accompagné de bouquets.

Le modeste déjeuner faisant partie du prologue, à peine achevé, madame Dorval devait être attirée au jardin, et, arrivée à la salle de verdure, un fauteuil lui être présenté, afin d'assister à une petite matinée musicale offerte et exécutée sur le piano par Stéphanie, Armandine et mademoiselle Benjamine leur élève, qui déjà, grâce à son intelligence et au zèle de ses gentils professeurs, commençait à être une pianiste d'une certaine force.

Après le concert tout composé d'airs nouveaux, étudiés en cachette, une promenade dans le pays et la forêt ; puis au retour à la maison, un dîner auquel étaient conviées quelques jeunes demoiselles du village, confiées par leur famille à Armandine, en qualité d'élèves pianistes... Après le repas, un bal, une grande illumination et un feu d'artifice, sous la direction de Boudinot, devaient terminer glorieusement cette belle journée.

Une partie de toutes ces belles choses s'était déjà accomplie, car il était deux heures après-midi ; madame Dorval avait été aussi surprise que flattée à la vue des fleurs qui ornaient sa croisée ; ses larmes, mais des larmes de bonheur, s'étaient échappées de ses yeux en recevant ses enfants dans ses bras, en écoutant les doux vœux qu'ils formaient pour son bonheur, en leur rendant leurs caresses pour caresses.

— Sois aussi bénie mille fois, toi, ma fille d'adoption, ma bien-aimée Benjamine, l'ange tutélaire qui nous est apparu et nous a aimées au jour du malheur, avait dit la dame en pressant la jeune ouvrière sur son cœur ; puis s'adressant ensuite à Boudinot : Et vous ! reprit-elle, soyez toujours le bien-venu dans la famille ; soyez l'ami, le frère de mes trois filles chéries, et, par votre dévouement, sachez justifier la tendresse que vous porte l'une d'elles, et mériter sa possession.

Encore une surprise, un nouveau bonheur et de douces larmes, lorsqu'après avoir été entraînée au jardin, dans les bras de ses enfants, madame Dorval eut prêtée une oreille attentive et charmée à leurs doux accords, à leur chant mélodieux.

— Bien ! très-bien ! ma Benjamine. Oh ! tu fais honneur à tes gentils professeurs, et de ton intelligence, de ta douce soumission, je n'attendais pas moins, dit la dame en embrassant la jeune fille rouge et timide, après avoir écouté le morceau qu'elle venait d'exécuter sur le piano, avec autant de facilité que d'élégance.

L'heure de la promenade étant arrivée, les jeunes filles mises toutes trois pareillement, avec goût et simplicité, — toutes trois encore coiffées d'un chapeau de paille à rubans roses, et accompagnées de leur mère, ainsi que de Boudinot, allaient quitter leur demeure pour s'élancer, folles et rieuses, dans la campagne, lorsqu'une servante, occupée ce jour-là dans la maison, vint prévenir madame Dorval qu'un monsieur à grandes salutations, au visage souriant, au langage mielleux, demandait à l'entretenir un instant.

— Parbleu ! rien qu'à la manière de se présenter, j'avais deviné le jésuite, fit gaîment Boudinot en apercevant au loin Rodino, le visiteur, qui se tenait en ce moment sur le seuil de la maison, du côté du jardin, après s'être fait annoncer. — Mes enfants, tandis que ce monsieur, commencez votre promenade ; je vous rejoindrai dans les bosquets où vous m'attendrez.

Et cela dit, madame Dorval s'éloigna pour aller recevoir le visiteur, tandis que les jeunes filles, accompagnées de Boudinot, sortaient du jardin par une petite porte qui donnait sur la campagne.

— Armandine, que peut vouloir à notre mère ce monsieur Rodino, notre ancien voisin ? s'informait tout en s'éloignant Stéphanie à sa sœur. — Telle est la demande que je m'adresse, chère sœur, ne pouvant comprendre le but de la visite d'une personne qui nous est entièrement étrangère, et lequel nous salue à peine lorsque le hasard nous faisait la rencontre. — Mon avis est, fit Benjamine, que M. Rodino, attiré dans ce pays à l'occasion de la fête, aura pensé qu'il était de la politesse de venir saluer ses anciennes voisines. — Le mien est que la curiosité seule a pu inspirer à ce pingre la démarche malencontreuse qu'il fait aujourd'hui, dit à son tour Boudinot.

Tandis que nos quatre jeunes gens discouraient de la sorte, tout en s'avançant dans la campagne, madame Dorval ayant rejoint Rodino et reçu de lui une demi-douzaine d'humbles salutations, l'avait engagé à vouloir bien entrer se reposer au salon où, bientôt assis vis-à-vis l'un de l'autre, le visiteur commença en ces termes, et de l'air le plus doucereux, le discours suivant :

— Madame, vous voyez en moi un homme député vers vous par M. Édouard Destigny, votre neveu, dont j'ai l'honneur de posséder la confiance. — Soyez le bienvenu, monsieur, et veuillez m'apprendre le motif qui me procure l'honneur de cette visite, fit madame Dorval impatientée. — Je vous dirai donc, madame, que M. Destigny étant sur le point de faire l'acquisition d'une vaste et importante propriété, ressent le besoin de réunir au plus vite les sommes qui lui sont dues ; que la plupart de ses débiteurs se sont empressés de s'acquitter envers lui et qu'il désire qu'il en soit de même de votre part. — Pardon, monsieur, mais je ne puis comprendre encore, interrompit la pauvre veuve tremblante. — Alors je vais m'expliquer plus catégoriquement... Madame, d'après les comptes de succession établis lors du décès de M. Destigny père, votre très-honoré beau-frère, il a été reconnu que vous restiez redevable, à la succession, de soixante-seize mille trois cent six francs et quelques centimes, somme que je suis chargé de venir vous réclamer, recevoir et encaisser, d'après les ordres et volontés de M. Édouard Destigny, héritier unique de la fortune de feu monsieur son père. — Vous me permettrez, monsieur, de vous exprimer la surprise et la douleur où me plonge votre visite, et l'inattendue réclamation que vous venez de me faire entendre, cette somme dont la générosité de M. Destigny avait daigné me laisser la jouissance étant la seule ressource qui reste à une pauvre veuve pour achever d'élever ses enfants. — Je comprends fort bien, madame, tous les petits inconvéniens que la restitution de cette somme peut vous occasionner, mais elle est d'une telle importance... Et puis, comme j'ai eu l'honneur de vous le dire, monsieur votre neveu éprouve en ce moment l'impérieux besoin de réunir tous ses fonds ; et cette nécessité, qui sans doute le fait agir contre son gré, le forcerait encore à sévir, toujours malgré lui, s'il se pouvait faire qu'il rencontrât quelque peu de mauvais vouloir de votre part. — M. Destigny, est dans son droit, monsieur ; et devant sa volonté, en une semblable circonstance, la sœur de sa mère doit fléchir et obéir. M. Destigny père, moins sévère que son fils, recula devant la pensée de réduire à la dernière des misères une pauvre veuve et ses enfants ; et docile aux bons conseils que lui dictait son cœur, il me fit entendre qu'en raison de notre parenté, il voulait bien me faire grâce du remboursement de la somme restée entre mes

2

mains... Jugez maintenant, monsieur, combien aujourd'hui a droit de me surprendre la réclamation d'un argent que je croyais à moi et ma légitime propriété. — Il est certain, madame, que ladite réclamation et les droits que pense avoir M. Destigny fils deviennent nuls et sans force devant le titre de donation que vous aura souscrit, sans nul doute, monsieur vôtre beau-frère, lors de l'abandon qu'il vous fit de cette somme de soixante-seize mille trois cents francs et quelques centimes, dit Rodino d'un air doucereux, mais tout en fixant sur la veuve un regard où se peignait une joie maligne. — Un titre, dites-vous, monsieur? hélas! je n'en possède aucun, ayant toujours regardé la parole de M. Destigny comme la plus certaine de toutes les garanties. — Diable! diable! fâcheux, fâcheux, car le vent emporte les paroles, tandis que les écrits restent. — Quoi, monsieur! pensez-vous que malgré ma parole et le serment que je suis prête à faire, M. Edouard Destigny persévère à me tourmenter? dit la dame avec douleur et inquiétude. — Je le crains fort, madame, et c'est même avec douleur que je me vois dans la nécessité de vous prévenir que de cruelles et vigoureuses poursuites vont être dirigées contre vous, M. Destigny ayant donné l'ordre à son huissier de presser ce remboursement par toutes les voies possibles. — Non, monsieur, je ne puis croire qu'un jeune homme puisse être aussi cruel, aussi implacable envers sa famille. Edouard voudra m'entendre, prendre en pitié mes enfants... De grâce, monsieur, daignez lui parler, intercéder auprès de lui en leur faveur... Mon Dieu! ce n'est pas pour moi que je tremble et je souffre, en entrevoyant un avenir de misère et de douleur, mais bien pour mes enfants! mes pauvres petites filles, si jeunes encore et étrangères à la souffrance. Vous êtes père, monsieur: ainsi que moi, vous chérissez vos enfants... Eh bien! c'est en leur nom que je vous supplie d'être le protecteur des miens, et d'intercéder en leur faveur auprès de celui qui vous a envoyé vers nous.

En disant ainsi, la pauvre mère levait vers Rodino des mains jointes et suppliantes, et les larmes inondaient son visage.

— Je vous le promets, madame; mais, hélas! j'ai peu d'espoir de réussir, ayant fort peu d'empire auprès de monsieur votre neveu; mais enfin j'essaierai, répliqua Rodino en se levant pour prendre congé de madame Dorval, qu'il quitta après lui avoir réitéré la promesse qu'il venait de lui faire. — Ah! vous n'avez pas de titre, chère dame! eh bien! vous restituerez alors, et votre serviteur Rodino palpera les cinq mille francs qui lui sont promis par votre prodigue neveu pour prix de ses démarches pour lui faire toucher la somme dont la restitution vous tient tant à cœur.

Ainsi murmurait joyeusement Rodino, en reprenant la route de Paris de son pied léger, afin d'éviter les frais d'une voiture qui se seraient élevés à la somme de soixante centimes.

XIII. — UN MARIAGE CONVENU.

— Il le faut! le sort, l'avenir de mes enfants me le commandent. Oui, j'irai moi-même parler, supplier M. Destigny. Les prières, les larmes d'une mère, sauront sans doute ouvrir son âme à la pitié, se disait madame Dorval douloureusement affectée, et qui, dans le sourire, le regard hypocrite et les allures de Rodino, avait justement deviné un jésuite.

Ce fut l'esprit troublé, l'inquiétude et la douleur au cœur, que la pauvre femme se mit en route pour aller rejoindre ses filles à la promenade, ses filles bien-aimées, auxquelles elle désirait cacher le motif affligeant de la visite de Rodino, ne voulant pas changer en douleur la douce et innocente joie de sa famille.

— Mon Dieu! maman, comme tu as été longtemps à venir... Qu'avait donc M. Rodino à te dire de si curieux; pour montrer ici sa face stupide! s'empressa de demander Stéphanie qui était accourue au-devant de sa mère du plus loin qu'elle l'avait aperçue. — En voyant apparaître cet homme dont la cupidité est devenue proverbiale, dit-on, j'ai senti mon cœur s'oppresser comme à l'approche d'un malheur, et j'ai eu la pitié, qui venait aussi d'arriver à temps pour entendre la question de sa sœur. — Un malheur, enfants! oh! non tu nous menace, Dieu merci! et la visite que vient de me faire M. Rodino, qui se trouvait par hasard dans ce pays, n'est qu'une simple politesse qu'il a cru devoir faire à ses anciennes voisines, répondit madame Dorval en s'efforçant de faire bonne contenance en

dépit des battements de son cœur et des larmes prêtes à s'échapper de ses yeux, larmes qu'elle ne retenait qu'avec peine. — Venez-moi en aide, madame, dit à son tour Boudinot en s'approchant de madame Dorval, et tout en entraînant par la main la gentille et souriante Benjamine. — A votre aide? mon cher Boudinot, mais à quelle occasion? s'informa la dame en essayant un sourire. — Afin de décider cette rétive amie, à fixer si ce n'est le jour, du moins l'époque où elle consentira enfin à me rendre le plus heureux des humains, en devenant madame Boudinot, répliqua le jeune homme. — Tu entends, ma chère fille, réponds; qu'attends-tu pour devenir la compagne de ce bon et estimable Boudinot, et la femme la plus heureuse du monde? interrogea madame Dorval. — Oui, mademoiselle, répondez! dit Armandine d'un petit ton impérieux, lorsque ma sœur et moi avons, depuis longtemps, préparé votre toilette de mariée et votre petit trousseau, lorsque vous êtes bien convaincue d'être aimée pour vous, rien que pour vous, par un bon et honnête jeune homme; lorsque vous êtes encore la maîtresse de votre volonté suprême, pourquoi vous faites-vous un malin plaisir de retarder votre bonheur et celui de notre excellent ami? — Hélas! c'est que, en prenant un mari, il me faudrait me séparer de vous, madame, que j'aime comme une fille reconnaissante doit aimer une tendre mère, de vous, mesdemoiselles, qui n'avez pas rougi d'accueillir et de traiter la pauvre ouvrière en égale et en sœur. — Enfant! tu nous aimer un mari, sans cesser pour cela de nous aimer?... Va, crois-en mon expérience, chère Benjamine, hâte-toi d'accepter dans un époux un protecteur légitime, toi que la jeunesse, la beauté, exposent à mille dangers, dit madame Dorval en pressant tendrement la main de la jeune fille. — Oh! je ne redoute plus rien depuis que j'ai une mère, des sœurs, une famille qui m'aime enfin, répliqua avec joie et force Benjamine. — J'en conviens, mon enfant; près de nous, ton innocence ne court aucun danger; mais, hélas! ne peut-il survenir quelque malheur qui nous disperse tous? Allons, Benjamine, un peu de courage et de pitié en faveur de ce bon Boudinot, et fixe toi-même le jour où tu consentiras à faire son bonheur. — Maman a raison, Benjamine, il faut te marier le plus tôt possible: ce qui ne nous empêchera pas d'habiter ensemble, de nous voir chaque jour, de nous aimer toujours, dit Stéphanie. — Allons, petite sœur, quand la noce? Prononce vite, car ce pauvre Boudinot est au supplice, fit à son tour Armandine. — Sera-ce dans quinze jours, un mois, deux mois?... Mais dites-le donc, petite coquette! s'écria Stéphanie avec impatience. — Chère Benjamine, je brûle, je souffre, j'attends, répondez sans crainte, car vous ferez la plus heureuse des femmes est mon unique et plus cher désir.

Benjamine, pressée de toutes parts et guidée par son cœur, plaça enfin sa main mignonne dans celle de Boudinot; puis sa jolie bouche en souriant murmura ces mots: Je serai à vous, mon ami, le jour où il vous plaira de recevoir, en présence de Dieu, le serment que je fais de vous aimer toujours et de vous être soumise comme doit l'être une honnête femme envers son mari.

Ce fut alors que notre amoureux, au comble du bonheur et sous l'impression d'une joie folle, se laissa tomber aux genoux de Benjamine, en balbutiant mille serments d'amour, de fidélité et de bonheur.

— Mon Dieu! que c'est donc gentil d'aimer et d'être aimé comme cela! pensa intérieurement Stéphanie, dont le pauvre petit cœur s'épanouir à son tour, n'attendait qu'un heureux vainqueur, et qui, en présence de ce bonheur après lequel elle soupirait, ne pouvait se défendre d'un mouvement de jalousie, tout en demandant pardon à Dieu ainsi qu'à Benjamine.

Une longue et charmante promenade à travers la forêt où la fête de Livry avait attiré ce jour un grand nombre de Parisiens; puis, vint à sonner l'heure du retour à la maison où le dîner rappelait nos promeneurs.

— Mère, qu'as-tu donc?... Tu sembles triste et préoccupée, s'informa Armandine en chemin, et tout en passant son bras sous celui de sa mère, tandis que Stéphanie, Benjamine et Boudinot, tous trois agiles et rieurs, couraient l'un après l'autre à travers les arbres et les pelouses. — Je n'ai rien, mon enfant, répliqua madame Dorval en s'efforçant de sourire. — Mère, tu me trompes; tu souffres, j'en suis certaine. Allons, confie ton chagrin à ta chère et bien-aimée Armandine, reprit la jeune fille en appuyant câlinement sa charmante tête sur l'épaule de sa mère. — Armandine, c'est ma fête aujourd'hui, et c'est la première fois que nous la célébrons sans ton pauvre père; et tu me demandes, enfant, pourquoi je suis triste ! — Oh! tu as raison, bonne mère, notre bonheur est imparfait! soupira tristement Armandine.

De retour à la maison, nos amis y ayant trouvé les personnes invitées à leur petite fête, on ne tarda pas de se mettre à table, où la Gaîté et la Folie vinrent aussi apporter leur couvert. Quant à la pauvre mère, craintive d'altérer la joie de ses enfants, elle s'efforça d'oublier un instant ses chagrins, et de sourire aux sourires que chacun lui adressait en signe d'amour et d'amitié.

Laissons dîner et se réjouir en paix notre bande joyeuse, et retournons dans la forêt où, parmi les nombreux promeneurs arrivés de Paris, et se reposant à l'ombre sur le frais gazon, nous reconnaîtrons notre ami Narcisse Grivois, en compagnie de la belle Suzanne de Saint-Amour; et usant de notre droit de tout entendre et de tout dire, écoutons en silence l'entretien animé auquel se livre en ce moment notre couple.

— Non, vous ne feriez pas cela, Suzanne; je vous crois incapable d'une semblable indélicatesse, disait Narcisse. — Je le ferais, vous dis-je, mon cher. Oui, vous paierez le dédit ou vous m'épouserez... Au surplus, je ne puis comprendre la raison qui vous fait autant hésiter à remplir cette promesse que vous avez signée de votre plein gré en un beau moment d'effervescence; et d'ailleurs, où serait le grand malheur pour vous d'être le mari d'une jolie femme qui vous aime et vous dorloterait? — Signé de mon plein gré;... excusez! Ne vous souvenez-vous pas que, pour m'extorquer cette promesse, vous et vos dignes amis et amies, vous avez profité d'un moment d'ivresse pour me pousser à cette extravagance? action, selon moi, des plus indélicates.

— Est-ce pour m'insulter par de semblables reproches que vous m'avez proposé la promenade d'aujourd'hui? — Non, certes! mais pour avoir le plaisir de passer avec vous une heureuse journée, et pouvoir tout à mon aise vous entretenir de mon amour. — Votre amour! quelle plaisanterie!... Mais s'il était sincère, ainsi que vous voulez me le faire accroire, est-ce que vous hésiteriez autant pour me nommer votre femme? — Ma femme! ma femme! c'est facile à dire, mais que penserait le monde d'une pareille alliance? car enfin, ma chère, quoique le présent soit assez convenable, votre passé est des plus échevelé! convenez-en... et je vous avoue qu'il m'en coûte de me donner en risée à vos ex-amants. — Narcisse, vous êtes un insolent! riposta Suzanne avec colère, en essayant de se lever, mais que l'amoureux retint vivement. — Non, laissez-moi, plus d'amour, plus rien entre nous; vous êtes un monstre, un homme indélicat qui ose me reprocher quelques imprudentes faiblesses que j'avoue, mais devant lesquelles mon repentir et la sage conduite que je mène avec vous depuis trois mois devraient trouver grâce et indulgence... — Eh bien! oui, j'ai tort, mais est-ce de ma faute si je suis jaloux, même de votre passé, reprit Narcisse avec tendresse et en pressant la main de la jeune femme. — Ici, jouons cartes sur jeu, car je commence à me fatiguer de vos indécisions: M'aimez-vous sérieusement?... — Comme un fou, répondit Grivois. — M'épouserez-vous? — Chère amie, il me semble qu'une douce et durable liaison entre nos deux cœurs... — Ne biaisez donc pas ainsi, hypocrite, et répondez net: Voulez-vous m'épouser, oui ou non?... — Parbleu! il le faut bien, traîtresse, sous peine de voir la moitié de ma fortune passer entre vos mains, grâce à ce maudit dédit. — Votre dédit! voilà le cas que j'en fais, répliqua Suzanne en sortant un papier de son sein pour le faire passer vivement sous les yeux de Narcisse, le déchirer, et ensuite en jeter les morceaux au vent qui les dispersa au loin, à la grande surprise et stupéfaction de Narcisse.

— Maintenant, reprit Suzanne, cessons d'être amants; restons amis et achevons gaîment cette journée ensemble. — Comment! Suzanne, vous avez fait cela! vous renoncez à vos droits? fit enfin Grivois encore sous l'empire de la surprise. — Oui, monsieur, afin de vous prouver que mon amour désintéressé tenait plus au titre honorable de votre femme qu'à votre fortune. C'est fâcheux! car ce mariage, qui me réhabilitait dans ma propre estime, aurait fait de moi une sage et bonne petite femme qui aurait bien aimé, bien soigné son petit mari. Enfin, n'en parlons plus, et cessons de nous voir. — Cesser de nous voir, par exemple! — Il le faut, mon ami, parce que devant renoncer au bonheur d'être épouse légitime, mon intérêt et mon avenir m'ordonnent d'écouter, et d'accepter même les propositions brillantes que m'a fait adresser hier, par son secrétaire, l'ambassadeur de Portugal... Quel bonheur! une rente de vingt mille francs par an et un superbe château aux environs de Madrid. — Vous n'accepterez pas, Suzanne; vous vous respecterez assez pour ne plus vouloir de ce rôle humiliant de femme entretenue. — Ah! ah! pour vous plaire, il faudrait sans doute, renonçant aux vanités de ce monde que, comme ma pauvre petite sœur Benjamine, je me fisse grisette et n'eusse vingt sous par jour; que j'habitasse une mansarde où monsieur daignerait m'honorer de ses visites et de ses caresses à bon marché... Tenez, Narcisse, vous n'êtes autre qu'un égoïste et un gros libertin. Or, allez-vous promener, et laissez-moi mener en paix la vie comme bon il me plaira. — Allons, chère amie, ne soyez pas injuste envers l'homme qui vous aime le plus au monde, l'homme dont votre action de tout à l'heure, votre beau désintéressement ont totalement changé les idées, Suzanne, il y a un instant que j'hésitais à donner mon nom à la femme qui me le réclamait sur papier timbré, et maintenant c'est mon cœur qui, libre enfin, demande à s'unir à vous par un lien indissoluble... Suzanne, me promets-tu d'être une épouse bonne, sage, et surtout fidèle? — Je le jure, fit Suzanne en levant la main. — Cela suffit, bel ange; demain je vous ferai publier nos bans, et dans quinze jours tu seras madame Grivois.

Après cette promesse eut été signée d'un tendre et mutuel baiser, les deux amants, aiguillonnés par l'appétit, quittèrent la place pour se rendre au village, chez un restaurateur, où ils se firent servir à dîner sur la terrasse du jardin, qu'un mur seul séparait de la rue du village où, en mangeant, Narcisse et Suzanne voyaient la foule aller et venir, et tout ce qui se passait dans la fête.

— Regardez donc, mon ami, si mes yeux m'abusent pas; je crois reconnaître ma petite sœur Benjamine dans cette jolie fille qui, au bras d'un jeune homme, s'avance de ce côté, fit vivement Suzanne en indiquant du doigt. — En effet! Benjamine au bras de son amoureux Boudinot, petit muguet qui a cessé de me voir, répondit Narcisse. — Sans doute, parce qu'il ne se souciait pas de se perdre entièrement dans votre mauvaise compagnie... — Merci du compliment! fit en souriant Narcisse. — Mon Dieu! qu'elle est jolie sous cette simple toilette! et comme elle a l'air heureux, cette chère petite! Narcisse, je n'ose aller à elle, et pourtant je meurs d'envie de l'embrasser!... Comment donc faire? disait Suzanne, sans perdre de vue Benjamine qui s'avançait de plus en plus de leur côté. — Rien de plus facile, je vais vous l'amener, chère amie, fit Narcisse en se levant pour s'éloigner aussitôt, quitter le jardin et s'élancer dans la rue, afin d'aller à la rencontre des jeunes gens, qu'il aborda avec le sourire le plus aimable. — Bonjour, cher ami, fit-il en présentant la main à Boudinot; Mademoiselle, recevez mes sincères salutations. — Quoi! vous ici, monsieur Narcisse? dit Boudinot assez peu flatté de la rencontre. — Moi-même, député en ce moment par une dame qui désire ardemment dire quelques paroles amicales à mademoiselle Benjamine. — Quelle est cette dame, et pourquoi ne vient-elle elle-même satisfaire ce désir? répliqua le jeune homme assez brusquement. — Mademoiselle, sans tenir compte de l'observation à peu près juste de ce cher Boudinot qui, à ce qu'il paraît, n'aime pas que l'on vienne troubler ses doux tête-à-tête, je vous dirai que la dame qui vous fait demander, par ma voix, n'est autre que votre sœur, qui serait heureuse de pouvoir vous embrasser. — Ma sœur Suzanne! ah! conduisez-moi près d'elle, Monsieur, répondit vivement Benjamine. — Quoi! Benjamine, vous consentez?... avez-vous donc oublié?... — Mon ami, pour elle, j'oublie tout, excepté qu'elle est ma sœur, et que notre mère, en mourant, nous a recommandé d'être indulgentes l'une pour l'autre, et de toujours nous aimer, répondit la jeune fille. — Oui, venez, Benjamine, car votre sœur est maintenant digne de votre indulgence et de votre estime, fit Narcisse. — Vous entendez, Boudinot? venez donc avec moi, afin que je puisse présenter à ma sœur mon futur mari.

Tout en disant ainsi, Benjamine entraînait Boudinot sur les traces de Narcisse qui marchait devant et les conduisit sur la terrasse où les deux sœurs tombèrent dans les bras l'une de l'autre pour s'embrasser en pleurant.

— Oh! que je suis heureuse de te revoir, ma Benjamine. M'aimes-tu toujours, cher ange du ciel? disait Suzanne en pressant sa sœur sur son cœur. — Toujours, Suzanne; est-ce qu'il pourrait en être autrement? — Benjamine, sois contente, je vais me marier, et voilà mon mari, reprit Suzanne en indiquant Narcisse. — Combien, je t'en félicite, bonne sœur... Et moi aussi, je vais me marier, et voilà mon mari! fit à son tour Benjamine en souriant. — Ah ça! il paraît, mes chers enfants, qu'ainsi que nous, vous courez les fêtes champêtres en attendant le mariage, observa malignement Grivois. — A bas les mauvais pensées, gros mauvais sujet, dit Boudinot, et sachez que l'honorable famille Dorval, qui a adopté mademoiselle Benjamine et la traite ni plus ni moins qu'une fille et une sœur, habite ce pays ; et si vous nous rencontrez seuls ensemble, c'est que nous allons, d'après la prière que nous en a faite madame Dorval, retenir une place pour elle dans la première voiture qui partira demain matin pour Paris. — Ça! jeunes tourtereaux, ne pourriez-vous me procurer l'avantage de saluer la charmante madame Dorval en qualité d'ancien voisin, et de lui présenter Suzanne, ma future femme? s'informa Grivois. — Sœur, ce que demande monsieur, je n'ose le prendre sur moi avant d'en avoir demandé la permission à madame Dorval, répondit Benjamine embarrassée. — N'en fais rien, Benjamine ; plus tard, entends-tu ? dit Suzanne comprenant la rougeur qui était venue subitement colorer le front de sa sœur, lors de la demande indiscrète de Narcisse.

XIV. — LA TANTE ET LE NEVEU

La septième heure du matin venait à peine de sonner, que déjà, le lendemain de son voyage à Livry, Rodino se faisait annoncer chez Destigny qui, encore au lit, donna l'ordre à son valet d'introduire le visiteur.

— Vous êtes matinal, monsieur Rodino, dit le jeune homme à peine éveillé tout en se frottant les yeux, et après s'être accoudé sur son oreiller. — Lorsqu'il s'agit d'obliger les personnes auxquelles je porte intérêt, je ne saurais y mettre trop de zèle, monsieur, répliqua Rodino en s'approchant du lit avec force courbettes. — Qu'avez-vous à me dire qui puisse concerner mes dits intérêts, mon cher monsieur ? — Vous apprendre qu'hier je me suis transporté à Livry, chez la dame Dorval, au sujet de la juste réclamation dont vous avez daigné me charger. — Ah ! ah ! ma chère tante! Malpeste! quelle activité! et cependant rien ne pressait trop, monsieur. Ça ! qu'est-ce que c'est que cette tante que je n'ai vue que dans mon enfance, et de laquelle j'ai totalement oublié le souvenir ? — Une personne d'un physique des plus ordinaires, assez raide et sèche au moral, et, de plus, d'une fierté qui blesse du premier abord, répliqua Rodino. — Diable! ce portrait peu flatteur dispose mal en faveur de la dame. — Et ses filles, mes chères cousines, vous les dit passables... Qu'en pensez-vous, monsieur Rodino ?... — Hum ! beauté du diable, comme on dit, de la jeunesse, de la vivacité... Avec cela, des filles de dix-sept ans ne peuvent être positivement laides ; quant au caractère, que vous dirai-je ? des enfants gâtées, volontaires, portant la tête haute, à l'exemple de leur mère. — Abordons la question principale. Qu'a répondu la chère dame au sujet du remboursement en question ? — Force récriminations ; enfin les preuves du plus mauvais vouloir. Cette somme, prétend-elle, forme tout son avoir, et lui est indispensable pour le bien-être de sa maison : aussi m'a-t-elle fortement prié de vous conseiller de lui en laisser la jouissance, à l'exemple de M. votre père. — Au fait, s'il est vrai que madame Dorval ne possède pour tout bien que ce faible avoir, il serait cruel de ma part de l'en dépouiller, fit Destigny d'un ton d'insouciance qui fit pâlir Rodino. — Je me permettrai de vous faire observer qu'il ne s'agit ici que d'un faible revenu de trois mille cinq ou six cents livres, et je doute fort qu'avec une aussi minime somme on puisse mener un train de grand seigneur, avoir maison de campagne, femme de chambre et tenir table ouverte. — C'est juste, mon cher monsieur Rodino ; puisque vous avez l'extrême complaisance de vouloir bien vous mêler de cette affaire, je vous donne carte blanche, et surtout ne m'en reparlez plus que le jour où, grâce à vous, je n'aurai qu'à encaisser ladite somme, moins les petits honoraires dont vous daignez vous contenter.

Cela dit, en forme de congé, Rodino laissa retomber sa tête sur l'oreiller. Rodino, satisfait du champ libre qu'on venait de lui donner, et n'en désirant pas davantage, s'empressa de se retirer à reculons tout en saluant avec servilité, système jésuitique auquel il était redevable de l'emploi supérieur qu'il occupait dans les postes, bassesse qui lui tenait lieu de science et de capacités.

— Bravo ! Rodino ! ça va bien mon chéri, ça va même très-bien ! Maintenant, en avant le ministère des huissiers, guerre à mort, et à moi les cinq mille francs promis.

Il y avait une heure que Rodino s'était éloigné de la demeure de Destigny, et une demi à peine que ce dernier avait quitté son lit pour endosser un élégant négligé du matin, lorsque son valet de chambre vint annoncer madame Dorval.

— Cette femme chez moi! Dites que je ne reçois pas, Germain, fit brusquement Destigny.

Le valet s'éloigna, mais pour revenir un instant après, la figure contrite, prévenir son maître que cette dame le suppliait de vouloir bien lui accorder quelques minutes d'entretien.

— Que me veut donc cette femme ? Ne pouviez-vous dire que j'étais sorti ? — Monsieur, c'est en souvenir de sa sœur, madame votre mère, que cette dame, qui paraît être aussi bonne que modeste, vous supplie de l'entendre, répliqua le valet. — Du moment que monsieur Germain s'intéresse à ma très-honorée tante, j'aurais mauvaise grâce à faire le récalcitrant... Qu'elle entre donc, répondit Destigny en accompagnant ces paroles d'un sourire moqueur.

Germain ne se fit pas répéter ladite permission : il s'empressa d'aller chercher la visiteuse qu'il introduisit dans la chambre de son maître.

En voyant entrer une femme belle encore, d'une tenue noble et modeste, Destigny, surpris, s'empressa d'effacer la sévérité dont son visage s'était armé d'abord, et de la remplacer par un sourire bienveillant.

— Daignez excuser, monsieur, une démarche que m'imposent la nécessité et l'amour d'une mère, dit la dame d'une voix douce et tremblante en saluant son neveu. — Veuillez prendre la peine de vous asseoir, madame, et de me faire connaître le motif de votre honorable visite, s'empressa de répondre Destigny, tout en indiquant un siège placé près du sien et sur lequel se posa la dame. — Hier, monsieur, jour de ma fête, au moment où mes filles bien-aimées m'adressaient les vœux de leur cœur, une personne chargée de vos intérêts est venue, de votre part, jeter le trouble et le désespoir dans mon cœur... — Continuez, madame, je vous écoute, dit Destigny, ému en voyant madame Dorval s'arrêter afin de prendre le temps d'essuyer les larmes qui mouillaient sa paupière. — Il s'agit, m'a dit M. Rodino, de la restitution d'une somme de soixante-seize mille francs restée en mes mains, après la perte d'un procès qui nous enleva toute notre fortune, somme sur laquelle j'avouerai ne me reconnaître aucun droit, mais dont mon beau-frère, monsieur votre père, prenant en pitié une pauvre veuve et ses enfants, avait daigné leur faire la concession. Jusqu'alors, grâce au faible revenu que rapporte cette somme, en y ajoutant le salaire d'un travail assidu et de chaque jour, mes filles et moi avons su nous créer une existence modeste et au-dessus du besoin, même faire un peu de bien en adoptant comme mon troisième enfant, mes filles, en qualité de sœur, une jeune et pauvre orpheline dont l'isolement et la rare beauté exposaient sans cesse l'innocente vertu... Je ne viens pas, monsieur, disputer un bien qui est le vôtre et que je suis prête à restituer, dont je vous apporte même les titres; mais, hélas! il me faut encore, dit-on, en plus de la somme entière, vous restituer les intérêts que j'ai touchés depuis quinze mois, et, à moins de me défaire du modeste mobilier de la famille, je suis dans l'impossibilité de vous satisfaire entièrement. Je viens donc, monsieur, en souvenir de ma chère mère qui était ma sœur bien-aimée, vous supplier de m'accorder le temps nécessaire pour amasser la somme qui me manque, sans être forcée de vendre le lit où, chaque soir, viennent se reposer mes enfants après une journée de travail et de fatigue. — Fort bien, madame ; quand bien même je vous accorderais du temps, comment espérez-vous jamais amasser une somme de plus de quatre mille francs ? interrogea Destigny. — D'abord, monsieur, en nous défaisant de quelques bijoux que possèdent mes filles et moi, puis en redoublant d'activité et de courage au travail, tâche dans laquelle me seconderont sans murmurer mes chers enfants ? — Et ce travail, quel est-il? demanda froidement Destigny. — Il consiste en broderie et lingerie, monsieur. — Tenez, madame, faites mieux ; acceptez de votre neveu le don qu'il vous fait, de bon cœur, de ces maudits soixante-seize mille francs ; permettez-lui, en plus, d'élever ladite somme jusqu'à cent mille, et il ne croira pas encore payer assez cher la part d'amitié qu'il réclame dans votre cœur, en qualité d'enfant de votre sœur. — Ah! monsieur, que de reconnaissance!.., fit madame Dorval, émue et surprise, en faisant un mouvement pour tomber aux genoux du jeune homme, qui s'empressa de la retenir en lui disant : — Sur mon cœur, chère tante, c'est là que je sera désormais votre place!

Et la tante et le neveu, contents l'un de l'autre, se prodiguèrent de sincères et amicales caresses.

— Quoi diable est venu me chanter ce Rodino? reprit en riant Destigny. Chère tante, je vous autorise à faire jeter ce vieux drôle par la fenêtre, s'il osait encore, avec sa mine pateline, se présenter chez vous.

Tout en disant ainsi, le jeune homme, qui s'était assis à son bureau, s'empressait de tracer quelques lignes qu'il remit à madame Dorval, en l'engageant à les lire : c'était la quittance générale des soixante-seize mille francs que le jeune homme reconnaissait avoir reçus des mains de madame veuve Dorval ; plus encore, un mandat de vingt-cinq mille francs souscrit à son ordre et payable à présentation chez son banquier.

— C'est trop, beaucoup trop, mon cher neveu; reprenez ceci, disait la dame heureuse et reconnaissante, en présentant le mandat à Destigny qui s'empressa de le repousser de la main en disant du ton le plus amical :

— Chère tante, votre délicat désintéressement vous fait oublier que vous avez des filles à doter. A propos! mais je veux faire connaissance avec mes petites cousines, j'espère que vous ne me refuserez sans doute pas. — Vous êtes leur parent et leur bienfaiteur, Destigny; c'est vous dire que notre demeure vous est ouverte et que vous y serez doublement bien reçu, répondit la dame. — Chère tante, invitez-moi donc alors à dîner pour demain. — Je vous invite, mon ami; et même, si la campagne a quelques charmes pour vous, à y passer quelques jours avec nous.

Cette conversation toute amicale entre la tante et le neveu se prolongea quelques instants encore ; puis, madame Dorval, heureuse et impatiente d'aller porter une bonne nouvelle à ses enfants, prit congé du jeune homme qui la conduisit jusqu'à sa propre voiture que, par une prévenance délicate, il avait donné l'ordre d'atteler et mise à la disposition de la dame.

Quelques heures plus tard, madame Dorval étant de retour chez elle, se présentait à ses enfants, à Benjamine, souriante et heureuse, pour recevoir et leur rendre leurs caresses empressées.

— Mes enfants, réjouissez-vous, car vous voyez une mère bien joyeuse, dit madame Dorval. — Chère mère, ne pourrais-tu pas nous faire part de cette joie dont nous parles et qui brille dans tes yeux, en nous instruisant du motif qui l'a fait naître? demanda Stéphanie. — Hélas! mes pauvres petites, ce matin nous étions encore sur le bord d'un abîme, et à la veille d'être dépouillés du peu que nous possédions ; mais grâce à la bienfaisante générosité de mon neveu, votre cousin et le meilleur des hommes, un avenir heureux nous est assuré. — Mon Dieu! bonne mère, de quel pressant danger nous parles-tu là, et dis-nous pourquoi tu gardais tes chagrins pour toi seule, sans permettre à tes enfants de les partager? dit Armandine d'un reproche amical. — Pauvres et chères petites, à quoi m'eût servi de vous affliger! mais maintenant que l'orage est passé pour ne plus revenir, écoutez, écoutez... Et toi aussi, Benjamine, toi qui es de la famille, qui eût comme nous partagé le malheur, et dois aujourd'hui prendre ta part du bonheur, ajouta madame Dorval en retenant la jeune fille qui, par discrétion, voulait se retirer.

Après que Benjamine eut remercié madame Dorval par un doux sourire, et repris sa place, cette dernière s'empressa de faire connaître aux jeunes filles le motif de la visite que Rodino lui avait faite la veille, de l'inquiétude qui lui avait occasionnée la perspective d'une restitution qui devait être pour elle un sujet de ruine et de misère. Et pour baume consolateur à cette funeste révélation qui avait fait pâlir les trois jeunes filles, madame Dorval s'empressa de raconter dans tous ses détails la visite qu'elle venait de faire à son neveu, le bon accueil qu'elle en avait reçu, et la noble générosité du jeune homme à leur égard.

— Oh! bonne mère, s'écria Armandine avec enthousiasme, quelle délicatesse! quelle générosité! et quel cœur excellent! — J'augure de cette noble action que notre cousin est un jeune homme accompli, fit à son tour Stéphanie, pour ajouter : Mère, notre cousin est garçon, n'est-ce pas? — Oui, ma fille. Ce que je ne vous ai pas dit encore, c'est que nous recevrons demain sa visite ; Destigny veut faire connaissance et pacte d'amitié avec ses petites cousines. — Qu'il vienne donc vite, car ma sœur et moi nous promettons de le recevoir avec le cœur et la reconnaissance. — Destigny! murmura tout bas Benjamine avec surprise et inquiétude, mais il me semble que ce nom ne m'est pas inconnu. — Eh bien! petite, taciturne, tu ne dis rien de tout cela, toi, notre sœur, et que ce bonheur concerne ainsi que nous... Que penses-tu d'un cousin comme celui-là, bon et généreux comme l'or? Pour ma part, j'en raffole déjà et meurs d'envie de le connaître, fit Stéphanie gaîment en s'adressant à Benjamine que ces paroles arrachèrent brusquement à ses réflexions. — Oh! si je ne disais rien, c'est que j'étais en train de remercier Dieu tout bas du bien qu'il daigne répandre sur la famille la plus digne de son amour et de sa sainte protection, répliqua Benjamine. — Merci, mon enfant, de cette bonne action. Oh! remercie-le aussi pour toi, car dans cette petite fortune que nous donne un parent généreux, il y a la part de ma troisième fille, de celle qui est venue à nous le jour du malheur, et dont l'intelligence nous a donné l'amour du travail.

Ainsi parlait madame Dorval, tout en pressant dans les siennes, avec tendresse, la main de Benjamine.

— Mes enfants, reprit la dame, il ne s'agit pas de rester dans l'inaction parce que le bonheur nous est venu, mais bien de parer notre modeste demeure le mieux qu'il nous sera possible, en l'honneur du visiteur que nous attendons, auquel je cède de grand cœur ma chambre, s'il consent à passer quelques jours avec nous. — Maman, c'est moi qui charge de le parer et de la parfumer de fleurs, fit Armandine. — Crois-tu donc, mademoiselle l'empressée, que je ne m'acquitterai pas aussi bien que toi de cette mission que je me réserve seule, tandis que tu aideras maman dans les autres préparatifs? dit Stéphanie avec raideur et vivacité. — En vérité, Stéphanie, je ne t'ai jamais vu témoigner autant de zèle pour les soins du ménage, répliqua Armandine d'un air piqué. — Allons, pas de querelles ni d'enfantillage, mesdemoiselles ; et réunissant vos bonnes volontés, faites ensemble pour le mieux, dit madame Dorval.

Fidèles à cette recommandation, les deux sœurs s'empressèrent à l'envi, l'une de l'autre, d'orner les modestes chambres de la maison, et surtout celle de leur mère, en changeant les meubles de place, en drapant les rideaux avec le plus de grâce possible, en transportant les vases de fleurs des consoles aux cheminées, variant les combinaisons sans jamais trouver les choses assez convenablement arrangées.

XV. — LE BEAU COUSIN.

Le grand jour venait de se lever avec un soleil radieux. La septième heure du matin sonnait. Armandine et Stéphanie, parées avec goût, mais simplicité, étaient toutes deux assises près d'une fenêtre dont la vue s'étendait sur la route par où devait arriver le visiteur tant désiré.

Dans cet état de repos, les deux sœurs éprouvaient à la fois les tourments et les délices d'une heureuse attente, fixant leurs regards impatients sur le point de la route le plus éloigné. L'oreille attentive, elles épiaient par tous les sons le premier signe qui leur annoncerait l'arrivée de celui à qui leurs enfantines imaginations prêtaient d'avance une perfection idéale. La forme la plus vague, l'apparence la plus fugitive, étaient pour Armandine et Stéphanie une cause d'illusions sans cesse renouvelées, et les heures passaient sans que leur patience parût se lasser.

Madame Dorval, qui, sous l'apparence du calme, ne brûlait pas moins que ses filles du désir de voir arriver le cousin tant désiré, était, comme à l'ordinaire, assise devant sa table à ouvrage, ayant à côté d'elle Benjamine ; toutes deux silencieuses et rêveuses s'occupaient d'un travail à l'aiguille.

Le sévère silence que gardaient nos quatre femmes fut brusquement interrompu par la voix argentine de Stéphanie, qui, se levant spontanément, s'écria :

— Le voilà! le voilà! bien sûr. C'est un élégant jeune homme dans une belle calèche que traînent avec rapidité deux magnifiques chevaux.

A ces mots, madame Dorval se lève avec vivacité, et s'étant approchée de la fenêtre :

— Oui, mes enfants, c'est votre cousin, M. Edouard Destigny qui, fidèle à sa promesse, vient faire connaissance avec vous. — Courons au-devant de lui, proposa étourdiment Stéphanie. — Y penses-tu, Stéphanie? fit madame Dorval avec sévérité.

Un coup de sonnette se fit entendre.

— C'est lui! murmurèrent les deux sœurs dont le visage se colorait d'une teinte rosée, dont le cœur en ce moment s'agitait avec force.

C'est madame Dorval qui a été ouvrir et reçoit le visiteur.

— Merci, mon cher Edouard, de votre exactitude à venir, par votre présence, doubler le bonheur des heureux que vous avez faits, dit la dame en accueillant Destigny qu'elle s'empressa de conduire au petit salon où, à son entrée, il fut respectueusement salué par les trois jeunes filles, dont l'une, Benjamine, se tenait dans un des coins de la pièce. — Mon cher neveu, je vous présente mes bien-aimées filles, dit madame Dorval avec un sentiment d'orgueil, en indiquant Armandine et Stéphanie qui se tenaient modestement les yeux à demi baissés devant lui.

Le regard de Destigny, assuré comme celui d'un homme du monde, alla de l'une à l'autre des deux sœurs et parut s'arrêter avec prédilection sur le ravissant visage d'Armandine.

— En vérité, j'étais loin de m'attendre, en venant ici, mesdemoiselles, à rencontrer autant de beauté, de grâce et de perfection, dit du ton le plus gracieux. — Mon neveu, embrassez donc vos cousines, dit en souriant madame Dorval, car elles se font une véritable fête de votre visite.

Ce fut Stéphanie, qui était la plus rapprochée, qu'Edouard embrassa la première; vint ensuite Armandine qui offrit sa joue avec une bonne grâce modeste et en rougissant, Armandine à qui le baiser du jeune homme occasionna un frisson involontaire, signe d'émotion qui n'échappa pas à l'œil exercé de Destigny.

— Mon Dieu! mon Dieu! si le père a ruiné cette vertueuse famille, faites que le fils ne devienne pas la cause d'un plus grand malheur, murmurait bien bas Benjamine, qui avait reconnu Edouard au moment où le jeune homme, après l'avoir fixée, la reconnut à son tour. — Mon neveu, ce n'est pas tout : Permettez-moi encore de vous faire faire connaissance avec ma fille d'adoption, notre bonne et bienaimée Benjamine, que je vous présente, reprit madame Dorval en désignant la jeune fille que Destigny s'empressa de saluer amicalement, mais sans pouvoir s'empêcher de rougir, et à qui Benjamine rendit la politesse, les yeux timidement baissés. — Nous espérons vous posséder cette journée toute entière, mon cher Edouard, reprit la dame. — Si vous me permettez le plaisir et de faire tout à fait connaissance avec mes jolies cousines, répliqua le jeune homme poliment, — Mieux encore, avec celui de cette maison qui devient aussi la vôtre, mon ami, et dans laquelle nous avons orné de notre mieux la chambre qui vous est destinée.

Tout en causant ainsi, madame Dorval, qui désirait montrer sa modeste demeure et ses dépendances à Destigny, l'amenait au jardin, où Armandine et Stéphanie, voulant se communiquer leurs sensations, les suivaient à distance.

— Comment le trouves-tu, Stéphanie? s'informait Armandine. — Très-bien! et surtout d'un ton parfait... Et toi, sœur?... — Moi de même, répondit Armandine. — As-tu remarqué, ainsi que moi, comme il a rougi en voyant Benjamine? — Et comme il semblait embarrassé en la saluant. — Peut-être la trouve-t-il plus jolie que nous? — Par exemple! ce serait fort... Certes, qu'elle est charmante, mais nous la valons bien, j'espère!...

Destigny, en se retournant pour admirer et attendre ses jolies cousines, mit fin à ce petit colloque, et l'on fut s'asseoir sous le berceau de chèvre-feuille, où s'établit un long et amical entretien qui se prolongea jusqu'à l'heure du dîner, auquel Destigny vint assister après y avoir été invitée par madame Dorval, qui, voyant que, par discrétion, la jeune fille ne les avait pas suivis au jardin, l'avait envoyé chercher par Stéphanie.

Six heures ayant sonné, on fut se mettre à table : Destigny entre madame Dorval et Armandine, ayant en face d'eux Stéphanie et Benjamine.

Quoique la maîtresse de la maison eût le soin d'exciter à la gaîté par d'heureuses et spirituelles saillies, que Destigny s'efforçât de faire l'homme aimable, galant et empressé, ce repas manquait d'animation. Pourquoi? Parce que la timidité des trois jeunes filles leur imposait le silence en paralysant leurs moyens naturels.

— Qu'elles sont belles! Vrai, si je faisais ici l'emploi du berger Pâris, je serais, d'honneur, fort embarrassé à laquelle des trois donner la pomme, se disait Destigny en promenant son regard enchanté de l'une à l'autre des jeunes filles.

— Madame, voilà un papier qu'un homme vient d'apporter pour vous, dit la servante à madame Dorval en lui remettant un papier timbré, que la dame, après en avoir demandé la permission à son neveu, s'empressa d'ouvrir, pour reprendre aussitôt et en rougissant après avoir parcouru quelques lignes :

— Edouard! voyez donc ce qui m'est adressé de votre part !

Le jeune homme, après avoir pris ledit papier et jeté un coup d'œil dessus s'empressa de le déchirer et d'en jeter les morceaux loin de lui avec dégoût et indignation.

— Excusez, chère tante, l'étourderie d'un neveu malappris, qui aurait pu vous éviter ce désagrément en se donnant la peine de prévenir le jésuitique personnage que la cupidité a poussé à se charger de cette malencontreuse affaire, un vieil imposteur que je me promets de châtier à la première rencontre. Daignez me pardonner et croire qu'entre nous la paix est à jamais faite. — Vous m'en avez donné la preuve, Edouard! et mes enfants, que j'ai instruits de votre noble générosité, vous sont reconnaissants, et joignent leur voix à la mienne pour vous remercier et vous bénir! — Chère tante, ne parlons plus de tout cela, et sans crainte disposez de la personne et de la fortune d'un neveu soumis, à qui il ne manquait que de vous connaître pour vous respecter et vous chérir tendrement, fit Destigny avec âme et sincérité.

Un sourire de bonheur et de reconnaissance, de la part de la mère et de ses filles, fut la récompense que recueillit Edouard de ces bonnes paroles.

Après avoir pris le café au salon, Destigny proposa à la famille une promenade au bois dans sa calèche, offre qui fut acceptée avec enthousiasme par Armandine et Stéphanie, qui commençaient à se familiariser tant soit peu avec le beau cousin, qu'elles trouvaient fort bel homme, et, de plus, d'une excessive amabilité.

— Allons, mesdemoiselles, mettez vos chapeaux, fit madame Dorval en s'adressant aux trois jeunes filles. — Veuillez, madame, m'excuser et me permettre de rester à la maison où la politesse exige que j'attende notre ami commun, M. Boudinot, qui nous a fait espérer sa visite pour ce soir, dit Benjamine d'un petit air suppliant et tout en pressant amicalement dans la sienne la main de la dame. — Je comprends qu'une jeune fille comme toi, chère petite, refuse de faire de la peine à son prétendu, et j'approuve ta délicate attention ; cependant, il m'en coûterait de te laisser seule ici ! — Oh! soyez tranquille, je ne m'ennuierai pas; n'ai-je pas le ménage à ranger, mille choses à mettre en commun ; — Benjamine, nous ferons tout cela en commun ; je ne veux pas que l'une de mes filles travaille, tandis que ses sœurs, ainsi que de petites princesses, se promèneront dans une belle voiture, et, puisque tu ne peux être de la partie, mon neveu nous permettra de la remettre à un autre jour. — De grâce, gardez-vous de faire une peine semblable à mes bonnes amies, et partez sans vous occuper de moi qui, à parler avec franchise, aurai bien aussi mon petit agrément à recevoir M. Boudinot, achevait Benjamine en souriant. — D'ailleurs, petite sœur, nous te promettons de ne pas rester longtemps dehors, et Stéphanie qu'une promenade en voiture séduisait, et qui, intérieurement peut-être, n'était pas fâchée du refus que faisait Benjamine s'était aperçue, lors du dîner, que le regard du beau cousin s'était souvent fixé sur elle. Stéphanie était-elle donc jalouse?

— Allons, mesdemoiselles, laissons agir Benjamine comme il lui plaira... Mon neveu, permettez que nous vous laissions un instant en compagnie de cette petite, le temps nécessaire pour monter à nos chambres, mettre un châle et un chapeau. — Ne vous gênez en rien, ma chère tante, répliqua Edouard.

Un instant après, se voyant seul dans le salon avec Benjamine, qui assez embarrassée du tête-à-tête, s'occupait à ranger quelque porcelaines, en forme de maintien, notre jeune homme reprit :

— Mademoiselle Benjamine, nous nous sommes déjà vus; ma surprise a été grande de vous retrouver auprès de mes parentes ; permettez-moi donc de profiter de cet heureux hasard pour vous prier d'accepter mes excuses et de solliciter mon pardon pour certaines privautés que semblaient autoriser le lieu et la société dans laquelle nous nous trouvions alors, et croyez qu'en tout ce qui s'est passé votre sœur fut plus coupable que moi. — J'aime à croire, monsieur, que si j'avais eu l'honneur d'être mieux connue de vous, vous eussiez respecté en moi celle qui est digne de votre estime ; oublions le passé, monsieur, et comptez sur ma discrétion, répliquait Benjamine, comme se faisait entendre le bruit des pas des trois dames qui tardèrent peu à rentrer au salon.

Un instant plus tard, nos quatre personnages, entraînés par deux beaux chevaux rapides, roulaient vers la forêt. Après une longue promenade dans des allées ombreuses, et d'après le désir qu'exprimaient Armandine et Stéphanie, on mit pied à terre sur une charmante pelouse, située près d'une clairière émaillée de fleurs où les deux jeunes filles désiraient cueillir le bouquet qu'elles destinaient à Benjamine.

Destigny, qui s'était assis avec madame Dorval sur un tertre de gazon, admirait avec bonheur ses deux cousines courir comme deux gazelles au milieu des genêts de la clairière, puis se baisser pour cueillir les fleurs qu'elles se disputaient en riant.

Destigny en les voyant toutes deux aussi belles que gracieuses, ne savait en vérité à laquelle des deux sœurs donner la préférence. Armandine, comme la plus jolie, avait d'abord fixé son attention ; il la trouvait ravissante et digne d'adoration, et pourtant, Stéphanie l'attirait par un charme vague et mystérieux dont il ne se rendait pas bien compte.

— Décidément, se disait-il, l'une et l'autre feraient une maîtresse ravissante, et si j'osais... Allons ! Fi d'une semblable pensée... Suis-je donc fou, ou plutôt devenu d'une immoralité sans frein ? Ce sont mes cousines... Mes parentes, la seule richesse d'une mère... Ce serait infâme de ma part.

Et tandis qu'Edouard réfléchissait ainsi, son regard contemplait avec bonheur chaque geste, chaque mouvement et toutes les poses gracieuses de ses folâtres cousines.

A quoi pensait donc madame Dorval, tandis que son regard lisait dans celui de son neveu tout le plaisir qu'il éprouvait à contempler ses filles ? Que rien désormais ne manquerait plus à son bonheur que l'espérance d'avoir un jour pour gendre l'homme qu'à juste raison elle regardait comme le bienfaiteur de sa famille. Au milieu de ses rêves d'ambition maternelle, son seul regret, si cette même espérance pouvait jamais se réaliser, était de n'entrevoir que pour une seule de ses filles l'avenir de bonheur qu'elle désirait pour toutes les deux. Mais à qui, d'Armandine ou de Stéphanie, Destigny donnerait-il la préférence ? Cette question qui s'adressait à elle-même Dorval sembla se résoudre, lorsque, après avoir amassé un gros bouquet, nos jeunes filles étant revenues près de leur mère, manifestèrent le désir de continuer la promenade à pied, et le beau cousin s'empressa d'offrir son bras à la douce Armandine qui l'accepta avec timidité pour suivre, puis, la mère et sa sœur, le peu de largeur du sentier qu'ils parcouraient les contraignant à ne marcher que deux à deux.

— Maman, je serais curieuse de savoir ce que notre cousin dit à ma sœur... Vois donc comme il semble empressé et galant auprès d'elle, disait Stéphanie qui n'avait cessé de se retourner de minute en minute, et en voyant les deux jeunes gens en arrière de quelques pas, petit incident qu'avait occasionné une branche d'épine, qui, au passage, avait saisie la robe d'Armandine, et à laquelle il avait fallu la disputer délicatement, sous peine d'y laisser une partie du léger tissu. — Qui t'empêche, petite curieuse, d'aller t'en informer toi-même, répondit en souriant madame Dorval.

Stéphanie ne se fit pas répéter deux fois ladite permission pour s'échapper du bras de sa mère et courir à la rencontre de son cousin et de sa sœur. Stéphanie en remarquant la rougeur qui couvrait en ce moment le visage d'Armandine et le sourire avec lequel l'accueillait Destigny, sentit son cœur tressaillir douloureusement, et le dépit faire naître une larme sur sa paupière.

La pauvre enfant, pour la première fois, ressentait les atteintes de la cruelle jalousie.

XVI. — CHEZ TORTONI.

Un matin, et dans l'un des salons du café Tortoni, Destigny, tout en lisant le journal, savourait une tasse de moka à la crème, qu'on venait de lui servir, lorsqu'un jeune fashionable, placé à une autre table, après l'avoir reconnu, se leva aussitôt et se dirigea vers lui, la main tendue :

— Edouard Destigny ! je ne m'étais pas trompé. — Adolphe de Couvray ! fit Destigny en serrant la main du jeune homme qui s'empressa de s'asseoir à ses côtés. — Ça, mon très-cher, d'où viens-tu ? Depuis près de deux mois que tu es absent, que je te cherche inutilement au cercle, au théâtre, dans les salons de nos Phrynés modernes, qui toutes se plaignent de ton absence. Enfin, que fais-tu ?... — Je passe mes jours à la campagne où je m'amuse à faire l'amour, répliqua Destigny. — Toi ! faire l'amour ? quelle plaisanterie ! je te croyais brouillé à perpétuité, avec ce sexe enchanteur chez qui, disais-tu, tu n'as jamais rencontré que perfidie et calcul. — Parce que, jusqu'alors, je ne m'étais adressé qu'à des femmes de marbre, et indigne d'occuper le cœur d'un homme d'honneur ; mais aujourd'hui quelle différence ! Il s'agit d'un ange de perfection et de beauté ! — Le diable m'emporte ! de la façon dont tu me dis cela, on croirait qu'il est question d'un amour pour de bon. — Eh bien ! on ne se tromperait pas, mon cher Adolphe ; car, tel que tu me vois, j'aime sérieusement d'un amour brûlant et plus fort que ma volonté... Oui, j'ai voulu résister, mais ça été en vain : il a fallu me rendre. — En vérité, je n'en reviens pas. Comment, toi, Destigny, de qui l'indifférence faisait le désespoir de toutes ces dames, et piquait leur amour-propre, toi, le brave des braves, Cupidon t'a vaincu, tu es amoureux... Allons donc ! mon cher, cette stupide maladie est passée de mode ; aujourd'hui on ne doit aimer que pour rire, si on ne veut être du plus mauvais ton. Ici-bas, si l'on s'amuse à perdre son temps en longues passions en soupirs, on risque fort de devenir vieux sans avoir été heureux un seul jour. — Plaisante tant qu'il te plaira, reprit Destigny ; mais si, comme moi, tu avais rencontré beauté, vertu, jeunesse, plus, un cœur candide qui, pour s'ouvrir au plaisir, à l'amour, n'attendait qu'un heureux vainqueur, comme moi, mon cher Adolphe tu aurais oublié la rancune, admiré et aimé. — Ah ! ah ! ah ! c'est délicieux ! Une Agnès, une ingénue, sans doute, chez laquelle tu crois avoir trouvé un cœur sincère, de la passion, quelque chose de rare, d'incroyable chez les femmes. De la coquetterie, de la pruderie, à la bonne heure ! mais de l'amour réel ! allons donc ! c'est comme si tu creusais la terre pour y trouver l'occiput du roi Pharamond. — Adolphe, je te plains d'en être arrivé à un tel degré de démoralisation, que tu ne puisses même croire à la vertu des anges, fit Destigny avec humeur. — Et moi, pauvre ami, en le sachant empaillé, à ton âge, je te plains du plus profond de mes entrailles. Enfin, liberté complète ! et raconte-moi ce délicieux roman ; apprends-moi où et comment il a pris naissance ; quelle en est l'héroïne, si c'est une fine brune pétillante ou bien une blonde sentimentale ; puis, lorsque tu m'auras satisfait, je te raconterai à mon tour une histoire mirobolante, renversante, incroyable !... — Apprends donc, reprit Destigny, que le caprice m'ayant pris de faire connaissance avec la sœur de ma mère, une bonne et gracieuse tante que je n'avais pas revue depuis mon enfance, je me suis dirigé, calme et insouciant, vers le réduit champêtre qu'habite ladite parente. — Serait-ce, par hasard, de cette respectable douairière que tu serais tombé subitement amoureux ? interrompit Adolphe en riant. — Pas positivement, mais de ses deux filles, mes adorables cousines, anges de seize et dix-huit ans, belles, douces, pleines de grâces, de parfum ; enfin, de ces vierges qu'on ne voit qu'en songe, que se crée l'imagination, et qu'on croit ne rencontrer jamais. Toutes deux, mon cher, fixèrent leurs doux yeux sur moi, toutes deux m'accueillirent comme leur frère, un ami... Dès lors, je fus perdu ; adieu ma philosophie, mon indifférence, mes serments de ne jamais aimer ! Un sentiment que j'ignorais s'empara tout à coup de mon âme en admirant ces deux filles célestes, et je frissonnai malgré moi. — Sans doute, en te voyant dans l'impossibilité de faire un choix, et la nécessité de les prendre toutes deux pour maîtresses ? interrompit Adolphe.

— Fi donc ! d'épouser l'une d'elles ; mais laquelle, est ce qui m'embarrassait, toutes deux étant également belles et dignes d'amour, d'admiration et d'obtenir la préférence ; toutes deux également empressées à me plaire, à me prodiguer leurs soins, leurs suaves et innocents sourires. — Ah ! tu songes à te marier ? Triste fin, qui m'afflige pour toi, mon cher Destigny ! Toi, le roi de la mode, l'âme de nos plaisirs, dont toutes nos belles ambitionaient la moindre faveur... Vrai ! c'est un tour pendable que tu veux nous jouer ; c'est la désolation des désolations pour Babylone tout entière. — Divague tout à ton aise, mauvais sujet ! mais mon parti est pris : assez de cette vie oisive qui ne procure que l'ennui ; assez de ces femmes faciles, dangereuses et fausses, qui vous font payer, au poids de l'or, leurs moindre caresse et leur menteur sourire... Et maintenant, me laissant libre de saisir le bonheur où je le rencontre, vidons un bol de punch, et fais-moi part, à ton tour, de la chose incroyable que tu m'as promise, termina sérieusement Destigny. — J'aborde, sans préambule : te souviens-tu de la belle Suzanne de Saint-Amour ? fit Adolphe. — Certes ! la sœur de Benjamine, autre petite perfection adorable. — C'est cela même... — Tu sais qu'elle fut ma maîtresse ? — Je le sais. — Eh bien ! apprend qu'elle est mariée ! — Je sais cela encore ; avec le gros Narcisse Grivois, auquel nous fîmes, un jour d'orgie, signer une promesse de mariage, promesse qu'il a tenue, grâce à celle que lui a faite Suzanne de renoncer aux vanités de ce monde, d'être à l'avenir une bonne et sage femme, et de respecter le nom honorable que consentait à lui donner un honnête homme. — C'est cela même ; mais la jolie coquine n'a pas juré tout cela sans quelques restrictions silencieuses en ma faveur ; moi, son amant de cœur, qu'elle ne pouvait raisonnablement sacrifier pour un peu d'or et le nom obscur que lui donnait un grotesque personnage. — Eh bien ?... fit Destigny en fixant Adolphe avec surprise. — Eh bien ! pour continuer d'être l'ami de la femme, je me suis fait celui du mari, faveur qui me donne mes grandes entrées dans le ménage dont je suis devenu le commensal indispensable. — Voilà qui est infâme de la part de cette Suzanne ! fit Destigny avec indignation. — Possible ! mais très-heureux pour son mari. — Comment l'entends-tu ? — Que, grâce à moi, le cœur de la dame étant occupé, cela l'empêche d'aller ailleurs que chez elle courir les aventures dont son inconstance, sa frivolité naturelle, ne pourraient se passer. Crois-tu donc, Destigny, qu'une femme comme Suzanne puisse jamais se corriger ? Impossible ! Chassez le naturel, il revient au galop. Ce qui fait qu'une lorette sera toujours une lorette, en dépit des bonnes intentions de l'homme assez faible, assez niais pour espérer de la convertir en la prenant pour femme, en lui donnant une position honorable, en la couvrant d'or pour satisfaire ses caprices et sa coquetterie insatiable. Oui, toujours pareille femme oubliera ses devoirs, et pour être plus richement mise encore, toujours elle se prostituera. — Triste et malheureuse organisation si, comme je le pense, tu dis vrai, mon cher de Couvray, fit Destigny en se levant. — Quoi ! déjà nous quitter ? demanda Adolphe. — Il le faut, car le bonheur et l'amour m'appellent loin d'ici ; et voici deux jours que je n'ai vu ni embrassé mes jolies cousines. — Va donc ! Et si l'une d'elles venait à te plaire, pense à moi, Destigny ; appelle-moi, car, quoiqu'aimant fort les beautés faciles, je ne dédaigne pas non plus les novices.

Les deux amis tardèrent peu à se séparer, Destigny pour courir, de toutes les jambes de son cheval, au village de Livry ; et de Couvray, vers la rue Neuve-du-Luxembourg où, depuis huit jours qu'il était l'époux de la chaste Suzanne, Narcisse Grivois avait fixé son domicile.

XVIII. — INCIDENTS DIVERS.

Narcisse était absent lors de l'arrivée chez lui d'Adolphe de Couvray. Ce jeune homme, après que la servante du logis lui eut ouvert la porte, se dirigea, sans daigner même se faire annoncer, vers le boudoir de madame, dans lequel il pénétra.

Suzanne en coquet négligé, le sein et les épaules presque nues, était étendue paresseusement sur un divan à la turque, et accoudée sur un oreiller.

En voyant entrer le jeune homme, elle fit un mouvement d'impatience, mais ne songea nullement à rétablir le désordre de sa toilette.

— C'est vous ! pourquoi entrer chez moi avec ce sans-façon ? dit-elle. — Quel mal y a-t-il en cela, toute belle ; est-ce qu'entre nous il est besoin de cérémonial ? répliqua Adolphe tout en s'asseyant sur le bord du divan où reposait Suzanne. — Otez-vous de là ; si Narcisse rentrait et qu'il vous surprît ainsi à mes côtés, en dépit de toute la bonne confiance dont il est heureusement doué, je craindrais qu'il ne devînt trop le degré d'intimité qui règne entre nous... Tenez, de Couvray, il faut cesser de nous voir, mon très-cher, et rompre notre liaison, vous pour cela cesser d'être amis. — Que voulez-vous dire, Suzanne ? — Que j'ai des scrupules, et veux devenir une femme tout-à-fait honnête, une bourgeoise toute à son mari et à son ménage... C'est bête, n'est-ce pas, rococo à l'excès, mais c'est comme cela ; c'est une idée baroque et commune qui me passe par la tête... Ensuite, j'ai promis, j'ai juré fidélité, obéissance : il faut tenir sa parole. — Vous êtes folle, ma chère, et lorsqu'après votre abandon, votre trahison, je consens encore à être votre amant, quoique vous soyez devenue la femme d'un autre, c'est vous qui me parlez de rompre une liaison qui fait notre bonheur, et pour la continuation de laquelle j'ai poussé le stoïcisme jusqu'à me faire l'ami de votre burlesque époux, en la compagnie duquel, et pour l'amour de vous, je consens à passer la plus grande partie d'un temps que je pourrais consacrer au plaisir. Décidément, Suzanne, vous devenez ingrate, ma mie ! — C'est qu'il m'en coûte, mon très-cher, de vous voir perdre ici même temps que vous pourriez employer à rétablir votre fortune tant soit peu délabrée : ce qui vous permettrait alors de redevenir, comme jadis, un amant généreux. — Et de me ruiner de nouveau pour vos beaux yeux, n'est-il pas vrai ? répliqua en appuyant ces mots d'un sourire sardonique. — Il est de fait qu'un amant sur lequel on ne peut compter est une triste chose. Exemple ! mon mari, aujourd'hui, sous le prétexte que les dépenses occasionnées par notre mariage ont mis sa caisse à sec, me refuse un cachemire des Indes, dont j'ai le plus pressant besoin ; il ne s'agit, pour contenter ce caprice, que de la somme minime de mille écus. Or, à défaut du mari, de qui une femme peut-elle espérer si ce n'est de son amant ? — Je comprends ; mais lorsque ladite femme s'est chargée de ruiner ledit amant, ne doit-elle pas être indulgente à son égard et se contenter alors de son amour ; le seul bien qui lui est permis de mettre à sa disposition ? — Ce que vous dites-là, Adolphe, est aussi fade que niais... Croyez-moi, mon bon, refaites votre fortune au plus vite, sous peine de devenir insupportable à toutes les femmes. — Même à vous ? — Dont vous ne pouvez satisfaire le caprice ! Oui, certes ! — Eh bien ! espérez, car je veux tout faire, tout tenter, afin de ne pas démériter dans votre sensible cœur... C'est mille écus qu'il vous faut ? — Oui, mille écus, répliqua nonchalamment Suzanne. — Vous les aurez demain, si, moins cruelle que vous ne l'êtes depuis votre mariage, vous consentez à venir le toucher chez moi, vers la brune. — Parlez-vous sérieusement ? demanda Suzanne en fixant Adolphe comme pour s'assurer qu'il disait vrai. — Je parle sérieusement, reprit le jeune homme. — J'en doute encore : aussi ne puis-je vous permettre qu'une chose, de m'apporter demain soir la somme en question. — Mais votre cher époux, toute belle... — Il sera sorti. Venez donc sur les sept heures, je serai seule. — Je viendrai. — Et les trois mille francs ? reprit Suzanne. — Oui, répliqua Adolphe, à qui cette promesse valut un tendre baiser donné en à-compte.

Après avoir quitté Suzanne, femme Grivois, ce fut vers le café Tortoni, où il était certain de rencontrer Narcisse, qu'Adolphe dirigea ses pas.

— Un mot, cher ami ! dit-il d'un air empressé à Grivois après lui avoir touché l'épaule.

Grivois le reconnaissant, s'empressa de lui sourire et de quitter le cercle de boursicotiers, au milieu duquel il pérorait sur les affaires du jour, pour passer son bras sous celui d'Adolphe et l'entraîner dans un petit salon désert. — De quoi est-il question, mon bon ? — De mille écus dont j'ai le plus pressant besoin, et que je viens vous emprunter pour trois jours. — Diable ! c'est que, ce ne moment, je suis moi-même assez pauvre d'argent, fit Narcisse en se grattant l'oreille. — Cher ami ! point d'hésitation ; vous connaissez ma probité et ma scrupuleuse exactitude à payer mes dettes ; or, pas d'hésitation, je viendrai demain matin chercher cette somme ici même, ou vous me l'apporterez ; surtout gardez-vous d'en parler à votre femme. — Fichtre, pas de danger ! moi, qui aujourd'hui lui refuse un cachemire, sous le prétexte que ma caisse est à fond ! J'en entendrais de belles, ma foi ! si elle savait que je prête de l'argent ! — Ainsi, je puis compter sur vous, reprit Adolphe. — L'amitié ne me fait-elle pas un devoir de vous obliger ? seulement, rendez-moi ces mille écus le plus tôt possible ; ils me seront nécessaires pour compléter certain paiement que je dois faire chez mon agent de change, vers la fin de cette semaine. — Je promets de vous rembourser sans faute, après-demain matin, fit Adolphe avec assurance.

Tandis que notre jeune homme traitait de cet emprunt, dont nous donnerons l'explication un peu plus tard, Edouard Destigny, après avoir brûlé la route de Paris à

Livry, se présentait chez madame Dorval, où il était attendu avec impatience. Sur le seuil de la porte, il trouva la mère et les deux filles qui saluèrent son arrivée par un éclat de joie.

Édouard, depuis bientôt trois mois qu'il était reçu dans la champêtre demeure, où il arrivait chaque jour de grand matin pour n'en partir que très-tard dans la soirée, avait su se faire aimer de sa tante, de ses cousines, et accepter comme le troisième enfant de la famille à laquelle il consacrait tout son temps et ses soins amicaux. Aussi était-il devenu, à son tour, l'objet de l'attention et des soins de madame Dorval, et surtout de ceux d'Armandine et de Stéphanie, sentiment provoqué d'abord chez la mère par la reconnaissance, et, dans le cœur des jeunes filles, par une tendre attraction dont elles n'avaient osé d'abord se rendre compte.

Quel intérêt avait donc été assez puissant pour arracher brusquement un jeune homme tel que Destigny aux plaisirs de la capitale, aux joies mondaines, pour en faire l'ami, le protecteur d'une pauvre veuve et de ses enfants? L'amour, oui, l'amour sincère, ardent, pur même, que lui avait inspiré Armandine, l'amour puisé dans les yeux si beaux et si doux de cette belle et jeune fille, tendre passion qu'il avait été assez heureux pour lui faire partager, et de laquelle la bouche d'Armandine lui avait fait entendre timidement le doux aveu.

Édouard, heureux de se savoir aimé sincèrement et pour lui-même, ne trouvant plus le bonheur qu'auprès de sa jeune amie, avait sans regret renoncé à la folle vie qu'il menait à Paris, à ses amis, au monde, pour se consacrer tout entier au bonheur d'aimer et d'être aimé. Livry et la petite maison étaient devenus pour notre jeune converti le paradis terrestre où seul il se plaisait, où il puisait toutes les joies pures et célestes qui charmaient son âme.

Une chose bizarre, cependant, troublait tant soit peu le bonheur dont jouissait Destigny : ce n'était autre que l'excès des prévenances de tous les instants dont il était l'objet de la part de Stéphanie, prévenances qui avaient peu tardé à lui sembler une importunité fâcheuse, une obsession fatigante, qui le privait de sa liberté et des occasions de se trouver en tête-à-tête avec celle qu'il aimait uniquement. Dès qu'il y avait une place de libre à ses côtés, vite Stéphanie accourait s'en emparer; ses regards même ne pouvaient se fixer avec amour sur ceux d'Armandine, sans qu'ils fussent croisés par d'autres yeux qui semblaient quêter, avec instance et jalousie, une part d'attention. Puis, hélas ! ce n'était pas sans inquiétude que Destigny s'était aperçu que Stéphanie non-seulement avait perdu beaucoup de sa gaîté primitive, que son joli visage devenait pâle et soucieux, et qu'il était la cause involontaire de ce changement. Stéphanie l'aimait aussi d'amour, il l'avait deviné, et son cœur ne lui appartenait plus. Décidément, il était important de remédier à ce mal en s'empressant de demander la main d'Armandine; nul doute qu'en le voyant le mari de sa sœur, Stéphanie s'empresserait d'étouffer dans son cœur une passion sans espoir. A cette dernière décision, Édouard se promit de travailler aussitôt que son Armandine lui aurait réitéré la permission de la demander pour femme à sa bonne mère, dont il ne pouvait mettre en doute le consentement.

C'était un soir : le jour baissait, quoique la pendule ne marquât encore que la septième heure. C'est que de gros nuages noirs étaient venus subitement obscurcir le ciel, et qu'un orage se préparait.

L'incertitude du temps ayant contraint la famille de renoncer à la promenade; madame Dorval, Armandine, Stéphanie et Benjamine travaillaient au salon, groupées autour d'une table, tandis que Destigny et Boudinot, que le samedi avait ramené à Livry, faisaient ensemble leur partie de piquet.

— Décidément, voilà le temps qui se gâte de plus en plus... Mes enfants, il faut fermer les fenêtres, car l'orage va éclater... Çà, messieurs, est-ce qu'un peu de musique ne vous serait pas plus agréable que les cartes? ajouta madame Dorval, tandis qu'Armandine s'empressait d'obéir en fermant les croisées du salon. — Voulez-vous que je vous joue quelque chose, dites mon cousin? s'en vint dire vivement Stéphanie en pressant dans la sienne la main d'Édouard.

Nos jeunes gens s'empressèrent d'accepter, et jetant les cartes, ils furent s'asseoir près du piano où venait de se placer Stéphanie pour entamer un préludé facile et brillant; puis Armandine et Benjamine entamèrent ensemble, avec une précision parfaite, un nocturne de Rosselen.

Au moment où le chant était le plus animé, un éclair perça la nue et un coup de tonnerre se fit entendre. Nos trois jeunes filles s'arrêtèrent interdites.

— Ce n'est rien, mes chères cousines, continuez de grâce, car je crois en vous écoutant assister au concert des anges, dit Édouard. — Volontiers, mon cousin, fit Stéphanie en fixant sur Destigny un regard rempli de charme et de douceur.

Puis, les chants recommencèrent, non avec la même justesse, car l'orage était là grondant, et son bruit jetait l'effroi dans le cœur des jeunes cantatrices.

— Mon Dieu ! qu'elle est donc belle aussi! Oui, si je n'aimais sa sœur d'amour extrême, ce serait elle que mon cœur chérirait : ainsi pensait Destigny en admirant la charmante tête de Stéphanie, et les mouvements gracieux de sa taille. Puis, se sentant ému jusqu'à l'âme, le regard de notre jeune homme s'arracha avec effort de dessus Stéphanie pour se reporter sur Armandine, et sa surprise fut grande de n'éprouver en la regardant qu'un sentiment doux et confus, comme ceux d'une jeune fille à son premier amour.

— Décidément, je deviens fou ! Loin de moi ces horribles pensées, se dit Destigny en se levant vivement pour faire quelques tours dans le salon.

Comme le jour était entièrement tombé, en attendant qu'on apportât de la lumière, le concert avait été suspendu : c'est alors que, profitant de l'obscurité, Destigny s'approcha d'Armandine pour lui dire à l'oreille :

— Venez au jardin, chère Armandine ; l'orage est entièrement passé, et j'ai quelque chose à vous dire.

Avant que la jeune fille surprise et troublée eût fait entendre sa réponse, Édouard avait quitté le salon.

— Qu'a-t-il à me dire ? Comment m'échapper sans être vue de Stéphanie qui voudra bien sûr me suivre ? se demandait Armandine en allant à petit bruit de la fenêtre au salon, Armandine, dont le petit cœur battait avec violence, et que sa mère tira d'un grand embarras, en lui disant d'aller dire à la servante d'apporter de la lumière.

La jeune fille ne se fit pas répéter cette ordre, car, sortant vivement du salon, elle fut remplir son message, et au lieu de revenir sur ses pas, elle gagna lestement le jardin, où l'impatient Destigny la reçut dans ses bras.

— Mon cousin, que me voulez-vous? Dites-le vite avant que ma sœur, inquiète de mon absence, ne vienne me chercher. — J'ai à vous répéter ce que vous savez déjà, chère Armandine, que je vous aime à l'idolâtrie.

En parlant ainsi, Destigny avait passé son bras autour de la taille fine et souple de la jeune fille, l'entraînait vers un banc sur lequel ils s'assirent tous deux, l'un bien près de l'autre.

— Eh bien! ne savez-vous pas que je vous aime aussi beaucoup, mon cousin, répliqua Armandine — Je le sais, ma douce amie... Ainsi tu consens à ce que je sois ton mari? à ce que, pas plus tard que ce soir, je demande ta main à ta bonne mère ? — Oui, Édouard, si vous jugez une pauvre fille, sans fortune, digne de devenir votre femme bien-aimée. —Oh! tu en es digne, mon Armandine... Merci, merci mille fois de ce consentement qui me rend le plus heureux des hommes. Oui, à toi ma vie, mon amour, mon adoration éternelle! s'écriait Édouard en pressant la jeune fille sur son sein, en déposant mille baisers sur son front.

Les deux amants furent distraits en ce moment par un bruit qui se fit entendre près d'eux ; il semblait qu'une main indiscrète écartait avec précaution le feuillage du lilas qui ombrageait le banc sur lequel ils étaient assis.

— Mon Dieu ! quelqu'un est là ! s'écria Armandine en se levant tout à coup comme pour s'éloigner ; mais Destigny la retint par la main. — Pourquoi cette frayeur, enfant? c'est le vent, sans doute, qui vient d'agiter le feuillage, et d'ailleurs, qu'importe ! votre mère va savoir ce soir tout ce qui vient de se passer entre nous : rassurez-vous donc, Armandine, et dites-moi encore : Édouard, je vous aime! — Édouard, je vous aime! répéta la jolie fille dont un tendre baiser récompensa la docilité.

La pluie, qui tout d'un coup se remit à tomber avec force, contraignit les deux jeunes gens de regagner au plus vite la maison où, en rentrant au salon, ils furent surpris de ne point y retrouver Stéphanie, laquelle n'y reparut que quelques minutes après, avec une figure triste, la chevelure et la robe mouillées.

— Au diable l'indiscrète, car ce doit être elle qui nous écoutait, se dit Edouard tout en fixant attentivement la petite curieuse qu'il vit avec surprise et chagrin essuyer furtivement de grosses larmes qui s'échappaient de sa paupière, et sur lui tourner un triste regard où se peignaient la douleur et le reproche.
— Pauvre enfant! je te comprends et je te plains! soupira Edouard qui, un peu plus tard, profitant d'un moment où Boudinot, en train de raconter, captivait l'attention des trois jeunes filles, s'approcha vivement de madame Dorval pour la prier de lui accorder un instant d'entretien particulier. Alors la tante s'empressa de se lever tout en disant :
— Edouard, venez donc de grâce avec moi, dans ma chambre, prendre la peine d'examiner les titres en question qu'il me faut demain remettre à notre notaire. — Je suis à vos ordres, chère et bonne tante, répliqua le jeune homme. — Nous voilà seuls, mon ami ! que souhaitez-vous de moi? dit madame Dorval après avoir conduit son neveu dans sa chambre à coucher. — Ma bonne et chère tante, que vous me rendiez le plus heureux des hommes, en daignant m'accorder le plus tôt possible la main de votre Armandine, bonheur que j'ai déjà sollicité et que vous m'avez fait espérer. — Fixez vous-même, mon cher Edouard, le jour fortuné où vous me rendrez la plus heureuse des mères! Oui, ma fille est à vous : je vous la donne, convaincue que vous ferez son bonheur.. — Edouard, soyez béni... vous qui, non content d'avoir assuré l'existence d'une famille, daignez consentir encore à devenir son enfant, disait madame Dorval les larmes aux yeux et portant à ses lèvres la main de Destigny qui s'empressa de comprimer cet acte d'humilité inspiré par la reconnaissance, en couvrant lui-même de baisers celles de la dame. — Chère tante, c'est à moi de vous remercier, à moi de vous bénir, vous dont les conseils, la douce influence ont réveillé mon cœur pour le rendre à la vie réelle, lui faire connaître, apprécier tous les bonheurs à la fois, dit Edouard... Oui, reprit-il devenez ma seconde mère, l'objet de mon respect, de mes soins empressés, vous à qui je vais être redevable de posséder pour femme l'ange dont le ciel vous a jugé digne d'être l'heureuse mère.

Ce fut avec un sourire de bonheur que madame Dorval répondit aux douces paroles d'Edouard ; puis après ces épanchements du cœur, et pour satisfaire l'impatience du jeune homme, le mariage fut fixé à un mois. Il fut encore convenu que l'on quitterait la maison de Livry pour aller habiter tous ensemble, en attendant le jour du mariage, un petit château que Destigny possédait à Evry, près Corbeil, et situé sur le bord de la Seine, charmant séjour où se célébrerait l'heureuse union.

Toutes les conditions étant bien arrêtées, madame Dorval et son neveu retournèrent au salon où ils retrouvèrent les jeunes filles ainsi que Boudinot, ce dernier tête en cartes en main et faisant une partie de mariage avec Benjamine, tandis qu'Armandine et Stéphanie, qui avaient refusé de jouer avec eux, se tenaient silencieuses chacune dans un coin opposé de la salle.

—Armandine! dit madame Dorval d'un air joyeux en allant prendre la jeune fille par la main pour l'amener au milieu de la pièce et la présenter à Edouard qui l'attendait en souriant, Armandine, je viens d'accorder ta main à Edouard, et de fixer à un mois ton mariage avec lui ; approuves-tu ta mère, et consens-tu à devenir sa femme? — Oh! oui, ma bonne mère, répondit Armandine en rougissant de joie et de bonheur, pour ensuite s'échapper des bras de madame Dorval, et aller se précipiter dans ceux que lui tendait Edouard. — Eh bien ! Stéphanie, tu ne viens pas complimenter ta sœur et prendre part à son bonheur ! dit madame Dorval à la jeune fille restée assise et silencieuse dans son coin.

Ne recevant pas de réponse, madame Dorval s'avança vers Stéphanie pour s'écrier aussitôt ;
— Mon Dieu ! mais elle est évanouie ! Vite, mes enfants, aidez-moi à la secourir.

XIX. — A BON CHAT BON RAT.

— Madame, mademoiselle Benjamine ! annonçait une femme de chambre après être entrée chez Suzanne, comme la septième heure du soir sonnait à la pendule qui ornait la cheminée. — Ma chère petite sœur ! quel heureux hasard me l'amène? Julie, faites-la entrer; répondit vivement la dame, tout en se levant de son siège pour courir elle-même au-devant de la jolie visiteuse à qui la servante faisait faire antichambre. — Enfin! te voilà donc chez moi, chère petite sœur, fit Suzanne en embrassant Benjamine, pour l'entraîner ensuite jusqu'à son salon où elle la fit asseoir à ses côtés. — Oui, Suzanne, moi-même qui viens te féliciter sur ton heureux mariage et te faire part du mien. — Avec M. Boudinot, ton petit amoureux, n'est-ce pas? — Oui, sœur, avec M. Boudinot... Notre mariage se fait dans un mois, le même jour, à la même chapelle que celui de mademoiselle Armandine avec M. Edouard Destigny. — Décidément, ce cher ami fait donc aussi la sottise? moi qui le croyais fort et ferré à l'endroit du conjungo, fit Suzanne en riant. — Sœur, pourquoi parler de la sorte d'un acte aussi sérieux? fit Benjamine d'un petit ton de reproche. — Tu as raison petite ; je suis une étourdie qui blâme chez les autres ce qu'elle a fait elle-même... Maintenant, permets que je te gronde pour avoir refusé d'assister à ma noce, et surtout de n'être pas venue me voir depuis trois mois que je suis mariée. — Excuse-moi, Suzanne, mais... — Mais quoi ?... J'espère que maintenant tu n'a plus rien à me reprocher... Je suis mariée , légitimement mariée, et, qui plus est, la femme d'un honnête homme, interrompit impatiemment Suzanne en voyant sa sœur chercher son excuse. — Oh! oui, tu es mariée, et j'en suis bien contente, car tu es une bonne et sage épouse, j'en suis sûre, qui jamais ne donnera sujet de plainte à son mari, à l'homme généreux qui lui a donné un nom et une position honorable. — J'accepte cette petite morale qu'il te plaît de me décocher sous la forme et du compliment, chère petite. Quant au reproche que je t'adresse amicalement sur ton absence, la réponse que tu n'oses me faire, la voilà : Si je ne suis pas venue te voir, c'est que la famille Dorval, dont je me suis faite la femme de chambre, me le défendait. — Hélas ! pourquoi une semblable pensée? Moi ! femme de chambre de la famille Dorval... quelle injustice!... Suzanne, Dieu m'a rendu une sage et tendre mère ; Dieu, qui m'a vraiment donné qu'une sœur, m'en a donné deux autres dans Armandine et Stéphanie. Cette mère et ces sœurs me chérissent, leur amour me rend forte et fière, car maintenant je ne suis plus orpheline ; je suis heureuse, et je remercie le ciel qui a pris mon isolement et ma faiblesse en pitié... Suzanne, viens toi-même contempler mon bonheur ! car je te suis envoyée par madame Dorval, ma bonne mère, afin de t'inviter, ainsi que ton mari, à venir nous visiter, lorsqu'il te plaira, au château d'Evry, que nous allons habiter, et où nous nous rendons demain... Y consens-tu, sœur ? — Certes! quoique madame Dorval ait beaucoup tardé à m'adresser cette invitation, dit Suzanne avec aigreur. — Ainsi, tu viendras à ma noce, à celle d'Armandine ? — Oh ! je suis bien contente, s'écria Benjamine. — Oui, petite sœur... Maintenant, dis-moi pourquoi tu n'es pas arrivée plus tôt ? Tu aurais vu mon mari, l'un de tes ci-devant adorateurs, et dîné avec nous? — Telle était mon intention ; mais Stéphanie, qui, hier soir, s'est trouvée mal et sans connaissance, se sentait encore indisposée aujourd'hui, et je craignais de lui faire de la peine en la quittant, elle si douce et si tendre pour moi ! Ensuite , Boudinot, qui était de bureau, n'est venu me prendre qu'à cinq heures pour m'accompagner à Paris. — Eh ! qu'en as-tu fait de ce cher garçon ? — Il m'a quittée à ta porte pour se rendre chez un de ses amis, et ensuite revenir me prendre ici, afin de retourner ensemble à Livry. — Ah ! ah ! le cher prétendu beau-frère daigne donc enfin me faire sa visite : c'est heureux !

Puis se rappelant subitement qu'elle avait promis à Adolphe d'être seule chez elle, dans la soirée, Suzanne ajouta, en feignant la contrariété :
— Mon Dieu ! que je suis donc désolée que vous ayez choisi ce jour pour venir me voir. — Pourquoi donc, ma sœur ? — Parce qu'une affaire importante me contraint de sortir ce soir sur les neuf heures. — Suzanne, ne te tourmente pas alors, car n'étant venue que pour t'annoncer mon mariage, t'adresser l'invitation de madame Dorval, et t'indiquer la campagne où nous nous rendons, je ne réclame plus de ta complaisance que la permission d'attendre M. Boudinot, qui ne peut tarder à venir me prendre, dit Benjamine qui avait deviné que sa présence gênait Suzanne, et tout en ajustant son châle d'avance afin d'être plutôt prête à partir. — Il n'est encore que huit heures moins le quart ; nous avons donc le temps de causer tout à notre aise, répondit Suzanne. — Est-ce que ton mari ne rentrera pas bientôt? j'aurais du plaisir à saluer mon beau-frère dans mon ex-adorateur ? — Non, Benjamine, sur mon invitation,

Narcisse est parti visiter, à quelques lieues d'ici, une maison de campagne dont nous désirons faire l'acquisition.

Comme Suzanne prononçait ces dernières paroles, un coup de sonnette retentit, et la servante vint annoncer M. Boudinot, lequel se présentait, vif et souriant, pour saluer les deux dames.

— Asseyez-vous, monsieur, Ah çà! vous allez donc être le mari de ma chère petite sœur? J'espère que vous la rendrez bien heureuse! fit Suzanne en riant et tendant une main amicale au jeune homme, qui s'en empara. — Heureuse comme le poisson dans l'eau, comme mérite de l'être un ange du ciel sur la terre! Enfin, je veux tous les jours la combler de mes soins, la servir à genoux, lui dire tous les matins, à son réveil, le jour et la date du mois, le quartier de la lune, le temps qu'il fera et la forme du gouvernement sous lequel nous vivrons. Maintenant, future belle-sœur, conservez-vous encore quelque doute sur le bonheur à venir de celle que j'accepte pour femme? débita Boudinot avec volubilité. — Aucun, fit en riant Suzanne. — A propos, où est donc le maître de céans, mon ami intime, ce cher Narcisse, afin que je le félicite sur son bonheur? — A la campagne. — Fâcheux! parce qu'il m'aurait indubitablement offert l'un de ces excellents cigares dont il fait provision, et nous l'eussions fumé ensemble tout en humectant notre gosier d'un excellent marasquin, duquel, étant garçon, il m'a fait faire la connaissance. — Rien ne s'oppose à ce que vous jouissiez, même en son absence, de ces deux avantages, petit frère, et la preuve, la voilà!

Tout en disant ainsi, Suzanne, qui s'était levée pour aller à une armoire, en sortait un énorme paquet de cigares, une bouteille emmaillotée de jonc, et revint poser le tout sur un guéridon, accompagné de trois verres.

— Fumez, petit frère; à vous ces cigares: puis, trinquons ensemble, ajouta Suzanne en débouchant la bouteille, pour verser à pleins verres. — Bravo! voilà des manières de princesse qui vous méritent mon estime, ma jolie belle-sœur; or, à votre santé! à celle de ma Benjamine, sans oublier l'ami Narcisse.

Les verres se choquent; Benjamine se contente d'imbiber ses lèvres de la liqueur; Boudinot et Suzanne vident le leur d'un seul trait, pour le remplir de nouveau.

Depuis une grande demi-heure, Boudinot et Suzanne, les meilleurs amis du monde, fumaient et buvaient à qui mieux mieux, lorsque Benjamine, après avoir jeté les yeux sur la pendule qui marquait neuf heures moins le quart, se leva vivement, car la bonne fille venait de se rappeler que Suzanne devait sortir à neuf, et elle craignait d'être importune en restant davantage.

— Que fais-tu donc Benjamine? demanda Suzanne. — Je me dispose à te quitter, sœur; tu as affaire, et l'heure nous commande de nous remettre en route pour regagner Livry. — C'est juste, car la voiture que M. Édouard a eu la bonté de mettre à notre disposition, pour nous amener et nous remener, doit furieusement s'impatienter de nous attendre aussi longtemps, fit Boudinot? — Qui, la voiture? — En la personne de son cocher, répondit en riant le jeune homme à Suzanne. — Comment! petite sœur, toi, si sauvage, si susceptible sur le point d'honneur, tu vas nuitamment courir la grand'route avec ton amoureux? observa Suzanne avec malice. — Cela, sans crainte, Suzanne; confiante dans l'honneur de l'homme qui, me jugeant digne de devenir sa femme, reculerait devant la pensée de me faire la moindre offense. — En vérité, vous êtes tous deux d'une candeur, d'un pastoral dignes de la plume de ce bon M. Florian, le chanteur de bergers vertueux et des mœurs champêtres, reprit en riant Suzanne. — Hélas! oui, nous avons le malheur d'avoir le bonheur d'être simples et pudiques comme au jeune âge, à l'instar de ce bon M. Joseph, qui fut vendu par ses frères; nous sommes même assez niais pour croire que la délicatesse de l'estime que nous professons l'un pour l'autre, avant d'être époux, nous portera bonheur lorsque nous serons en ménage, répliqua Boudinot sèchement. — Sœur, décidément, ton mari ne rentrera pas? nous eussions eu cependant du plaisir à le voir, dit Suzanne qui, s'apercevant de la mauvaise humeur qu'avait excité chez Boudinot le ton railleur de Suzanne, voulait donner un autre tour à la conversation. — Je te l'ai déjà dit, M. Grivois ne rentrera pas avant minuit, répondit Suzanne en fixant la pendule qui, en ce moment, marquait neuf heures, et, pressentant la venue d'Adolphe de Couvray, ne demandait pas mieux que de voir partir les deux jeunes gens. — Alors, s'il en est ainsi, à un autre jour le plaisir de serrer la main au cher beau-frère, dit Boudinot en se levant, et, par là, donnant à Benjamine le signal. — Sœur, ne va pas oublier l'invitation que je t'adresse de la part de madame Dorval, et surtout notre nouvelle demeure. Nous serons tous heureux de te recevoir, ainsi que ton mari.

Suzanne, qui s'était aussi levée tout en reconduisant les jeunes gens, leur fit la promesse d'aller les visiter sous deux jours; puis embrassa Benjamine, tendit sa joue à Boudinot qui y appliqua un baiser amical.

Elle est seule; et après avoir signifié à sa servante qu'elle ne serait visible, dans la soirée, que pour M. de Couvray, Suzanne va s'enfermer dans son boudoir, afin d'y attendre l'amant dont sa cupidité allait mettre la générosité à l'épreuve.

— Ce pauvre Narcisse, le tromper déjà!... Bah! n'est-ce pas là le sort de la plupart des maris... Aussi, pourquoi celui-là s'avise-t-il d'épouser une femme comme moi, surtout, n'ayant pas assez de fortune pour satisfaire tous ses caprices!

Ainsi pensait Suzanne, lorsqu'un coup de sonnette l'avertit de l'arrivée d'Adolphe, lequel fut aussitôt introduit par la vigilante soubrette dans le doux sanctuaire.

— Fidèle au rendez-vous, comme tu le vois, ma déité! dit en entrant le jeune homme, tout en venant déposer un baiser sur les lèvres de Suzanne. — Fidèle aussi dans nos conditions et promesses? demanda vivement la jeune femme. — Certes! — Voyons, si cela est vrai.

Adolphe répondit à cette demande en déposant sur les genoux de la dame un élégant petit portefeuille qui renfermait trois billets de mille francs, que Suzanne s'empressa de compter et d'examiner, pour ensuite les serrer dans un petit meuble d'ivoire qui se trouvait placé à sa portée.

— Adolphe, cette galanterie me prouve que vous m'aimez encore, et je vous en sais gré, mon amour! dit-elle ensuite en entourant le cou de l'amant de ses bras caressants. — Tu dis m'aimer encore! et pourtant, volage, tu t'es fait la femme d'un autre. — C'est vrai, d'un grotesque que je ne puis souffrir. Que veux-tu, Adolphe? il me fallait assurer mon avenir, les amants sont si volages! Ensuite, un jour, je deviendrai vieille, laide; les amours s'envoleront loin de moi, et c'est alors que je m'applaudirai du parti que la raison m'aura forcée de prendre, en épousant les quinze mille livres de ce cher et confiant Narcisse. — Décidément; tu es une aussi adroite coquine que tu es adorable! fit Adolphe en attirant Suzanne sur ses genoux.

Un long tête-à-tête de trois heures, et la pendule, venant à sonner minuit, arracha Suzanne des bras de son amant, car il était grand temps de se séparer si l'on ne voulait être surpris par le mari, dont le retour allait s'effectuer.

Quelques baisers en plus; puis, saturé de volupté, de Couvray s'échappa des bras de Suzanne pour prendre congé d'elle, mais non avant d'avoir sollicité un second tête-à-tête pour le lendemain, faveur que s'était empressée d'ajourner indéfiniment Suzanne, en prenant la prudence pour excuse.

— Non, belle et dangereuse Phryné, je ne serai pas davantage votre dupe. Contentez-vous d'avoir fait acheter jadis vos faveurs de la totalité d'une fortune que vous avez dissipée... Mille écus par séance, ce serait, ma foi! payer trop chèrement vos caresses... Non pas, non pas: à bon chat bon rat! tendre amie, car vous allez bel et bien restituer à ce cher mari l'argent qu'il m'a prêté pour satisfaire dans vos bras le caprice que m'inspirait seul le dépit de votre froide ingratitude envers l'homme que vous osiez dédaigner, en le sachant ruiné, et ruiné par vous.

Ainsi disait de Couvray, tout en descendant l'escalier, pour aller s'arrêter sur la dernière marche, afin d'y attendre en silence et dans l'obscurité le retour de Narcisse.

Un quart d'heure passé dans l'attente, et la sonnette de la porte cochère s'agita; le cordon fut tiré, et Grivois vint se jeter dans Adolphe, qui, de son côté venait à sa rencontre sous le péristyle, et qu'il reconnut non sans surprise.

— Quoi! vous ici à pareille heure, mon cher; de qui, diable! sortez-vous? — De chez vous, Narcisse, où je vous attends depuis deux heures en tenant compagnie à votre charmante femme. — Comment! vous venez me voir chez moi, lorsque vous me savez à la campagne... — Je le savais; mais il s'agissait d'être exacte dans ma promesse, en vous rapportant les mille écus que vous avez eu l'obligeance de me prêter. Voilà ce qui est exemplaire, mais demain il eût encore été temps. — C'est possible ; mais oubliez-vous qu'au nombre de mes nombreux défauts, il faut compter celui de joueur ; que la nuit les tripots sont ouverts à tous ceux qui ont de l'or et la funeste passion du jeu, et que... — Je comprends, mon cher, et approuve votre sage prudence... Remettez-moi donc cet argent. — Ne vous voyant pas rentrer, et en désespoir de cause, je viens de le remettre à votre femme. — Fichtre! vous avez eu bien tort; la gaillarde est capable de ne pas me le rendre, de le garder pour s'acheter des colifichets de toilette. — Alors, ne dites rien, et emparez-vous de la somme en ouvrant le meuble d'ivoire dans lequel elle vient de le déposer. — Impossible! elle en conserve toujours la clef sur elle. — Alors forcez ledit meuble. — Allons donc!... Risquer d'abîmer un meuble précieux qui m'a coûté un prix fou! — Faites donc comme vous l'entendrez, mon cher; quant à moi, qui me suis loyalement acquitté, recevez de nouveau mon remerciment en même temps que mon bonsoir !

Cela dit, Adolphe s'éloigne vivement, et Narcisse monta chez lui, où il trouva Suzanne encore levée.

— Chère amie, je viens de rencontrer, sous la porte cochère, ce brave Adolphe qui sortait d'ici; il m'a dit t'avoir remis les trois mille francs que je lui ai prêtés, de laquelle somme j'ai le plus grand besoin, devant la donner demain en à-compte sur le prix de la délicieuse maison de campagne, située à Ris, près Corbeil, dont en ta faveur je viens de faire l'acquisition.

En écoutant son mari parler ainsi, Suzanne en proie au dépit, à la surprise, pâlissait, rougissait tout à la fois, et se mordait les lèvres :

— Ah! monsieur de Couvray vous a dit m'avoir remis cette somme? fit-elle enfin d'une voix que saccadait la colère. — Oui, cher ange! et même que tu l'as enfermée dans ce meuble, reprit Narcisse en indiquant la petite armoire d'ivoire. — Eh bien! c'est possible ; mais comme c'est à moi qu'il a remis cette somme, et que tout entre nous doit être commun, je la garde. — Suzanne, vous ne me causerez pas ce désagrément... Il me faut cet argent, j'en ai besoin. — Vous avez besoin d'argent? alors, vendez quelques-unes de vos actions à la Bourse, excellent et infaillible moyen de s'en procurer. — Suzanne, je ne veux rien vendre, et vous allez me rendre mes mille écus. — Non! non! fit Suzanne avec fermeté, pour ensuite tourner le dos à son mari, et quitter le boudoir afin d'aller s'enfermer dans sa chambre à coucher sur la porte de laquelle Narcisse frappait, en suppliant, et qui ne lui fut ouverte qu'après une longue conférence.

Le lendemain Suzanne se pavanait, sur le boulevard, au bras de son époux, les épaules couvertes d'un beau châle qu'elle venait d'acheter, et du prix de trois mille francs !

XX. — LE MALHEUR.

Il y avait trois semaines que la famille Dorval habitait la belle propriété d'Evry, où l'on s'occupait activement des somptueux préparatifs du mariage d'Edouard Destigny avec la belle et bonne Armandine, ainsi que de celui de Boudinot avec Benjamine: cette double union devant s'accomplir le même jour et au même autel.

Trois semaines, enfin, durant lesquelles Edouard plus amoureux que jamais avait passé le temps aux genoux d'Armandine, lui faire entendre les plus tendres serments et les plus doux aveux. D'un autre côté, Boudinot qui venait passer à Evry tout le temps que lui accordait son administration, n'était ni moins tendre ni moins empressé auprès de sa Benjamine, qu'Edouard à l'égard d'Armandine.

Mme Dorval voyait avec plaisir se préparer deux unions aussi bien assorties, et pourtant elle était loin d'être heureuse et tranquille en voyant, chaque jour, s'augmenter la tristesse qui s'était emparée de sa jeune fille, de la gentille Stéphanie, jadis si gaie et si folâtre.

En voyant la jeune fille fuir la société, le surprenant solitaire dans les endroits les plus écartés du jardin, les yeux baignés de larmes, la bonne mère, en entourant cette fille chérie de ses bras caressants, en la pressant tendrement sur son sein, l'avait vainement interrogée, suppliée de lui avouer le motif de sa tristesse, la cause du douloureux changement qui s'était opéré en elle; Stéphanie s'efforçait de sourire alors, et pour tranquiliser sa mère, accusait un léger malaise, tel qu'une irritation fébrile, ou une migraine incessante, de paralyser ses facultés morales et physiques.

C'était un soir : la onzième heure était sonnée ; Armandine et Stéphanie s'étaient retirées dans la chambre à coucher qu'elles occupaient en commun.

Toutes deux, silencieuses et la tête occupée, s'étaient empressées de se mettre au lit, où la fièvre du bonheur, qui agitait Armandine, ne lui permettant pas de goûter le repos, fit qu'elle se jeta en bas du lit vers le milieu de la nuit; et se sentant le besoin de respirer un air frais, elle ouvrit doucement la fenêtre.

— Pourquoi t'es-tu levée, Armandine? serais-tu indisposée? demanda Stéphanie, que le bruit venait d'arracher au léger assoupissement qui s'était emparé de ses sens. — Je t'ai réveillée, bonne petite sœur? Oh! pardonnez-moi! j'avais besoin de respirer ; mais je ne suis pas malade, bien au contraire, mon Dieu!

Ainsi disait Armandine, tout en venant s'asseoir sur le lit de Stéphanie.

— Tu n'es pas malade, tu ne peux dormir : explique-moi donc cela, Armandine! — Je ne saurais en quels termes, petite sœur; tu aurais trop de peine à me comprendre, toi dont le cœur paisible est encore étranger à l'amour.

Stéphanie ne répondit pas, mais elle soupira profondément.

— Eh bien ! Stéphanie, apprends que le bonheur d'être aimée d'Édouard, la douce pensée que je vais être bientôt sa femme, sont la seule cause de l'agitation qui m'empêche de goûter le repos. Ah ! si tu avais mes yeux, la moitié de mon cœur, tu comprendrais cela, petite sœur: être la femme de l'homme que l'on aime, de celui qui a su faire battre notre cœur; n'est-ce pas un bonheur au-dessus de tous ceux qu'on peut rêver en ce monde ? Si tu avais remarqué ce soir, comme en me regardant ses yeux étaient empreints de la douce expression; et encore tu aurais entendu combien étaient tendres et séduisants les jolis mots qu'il murmurait doucement à mon oreille !... Ah ! tu sauras un jour ce que c'est que le bonheur d'être aimée d'amour extrême, par un aimable et beau cavalier ; et alors, comme moi, tu sentiras le sommeil fuir loin de ta paupière. — Laisse-moi ! retire-toi, Armandine ; je souffre, je veux dormir !

En prononçant ces mots, la voix de Stéphanie avait quelque chose d'impatient et de douloureux qui fit tressaillir Armandine qui s'empressa de se pencher amicalement sur sa sœur :

— Tu souffres, dis-tu, chère Stéphanie? Veux-tu prendre quelque chose ou que j'aille prévenir notre mère ? — N'en fais rien, et va te recoucher ; un peu de sommeil calmera ma souffrance... Embrasse-moi, Armandine, et pardonne-moi !... — Te pardonner ? quoi donc ?... Tu ne m'as rien fait, reprit Armandine surprise. Mon Dieu ! ton visage est baigné de larmes... Stéphanie, tu es bien malade, ou tu as dans l'âme un grand chagrin que tu nous caches... Voyons, dis cela à la petite Armandine qui t'aime tant ; parle, chère sœur, et s'il te faut le secret, je jure de le garder autant que tu l'exigeras. — Je n'ai pas de secret Armandine ; mais je suis une folle dont il faut excuser les caprices et les boutades ennuyeuses... Embrasse-moi bien, Armandine ! et puis laisse-moi, je t'en prie ! termina Stéphanie en donnant la première un baiser à sa sœur, qui le lui rendit avec usure ; et ensuite, inquiète et soucieuse, regagna son lit.

— Mon Dieu ! prenez-moi en pitié ! arrachez de mon cœur le coupable sentiment qui me fait la rivale envieuse du bonheur de ma sœur... Hélas ! pourquoi n'est-ce pas moi qu'il a choisie ? pourquoi suis-je condamnée à être éternellement malheureuse? Ainsi pensait Stéphanie, la tête cachée sous sa couverture et fondant en larmes.

Si l'excès du bonheur avait tenu Armandine une partie de la nuit éveillée, la douleur et la jalousie avait empêché Stéphanie de dormir : aussi, en voyant les premiers rayons du soleil levant percer les rideaux de la fenêtre et ne pouvant plus tenir au lit, Stéphanie s'en échappa : elle s'empressa de s'habiller en silence afin de ne point éveiller Armandine, pour ensuite quitter la chambre et gagner le jardin.

La cinquième heure du matin venait de sonner, et il y en avait une déjà que Stéphanie parcourait pensive les longues avenues du jardin, celles surtout d'où l'on pouvait apercevoir le pavillon isolé qu'Édouard Destigny habitait seul.

— Oui, ce mariage serait pour moi le coup mortel qui trancherait ma vie; il ne peut donc s'accomplir. D'ailleurs, Armandine ne peut l'aimer autant que moi! qui mourrai s'il ne devient mon mari... Pourquoi ne m'a-t-il pas choisie de préférence à elle? lui, dont j'ai surpris le regard tendrement fixé sur moi!... C'est qu'elle fut coquette ; c'est que, plus hardie que moi, elle sut s'emparer de son cœur qui, bien sûr, penchait plutôt en ma faveur... Eh bien! puisqu'elle n'est pas encore sa femme, soyons coquette à mon tour; enlevons à ma rivale ce cœur qui doit m'appartenir!... Mais ce serait bien mal, car cette rivale est la meilleure des sœurs, l'amie que le ciel m'a donnée... Mais alors, il faut donc que je meure? termina Stéphanie, désespérée, en frappant la terre du pied avec force et impatience. Oh non! cela ne se peut pas, cela ne doit pas être! Armandine est jeune et belle aussi; elle en retrouvera un autre qui l'aimera autant, plus peut-être qu'Edouard; et alors, nous serons heureuses, heureuses toutes deux !

Une demi-heure plus tard, au moment où Edouard, afin d'aller respirer l'arome des fleurs, ouvrait la porte du pavillon, ce ne fut pas sans surprise qu'il se trouva tout-à-coup face à face avec Stéphanie et forcé de se ranger pour la laisser entrer dans le pavillon où il la suivit. La jeune fille n'alla pas loin, car encore à la première pièce, elle se laissa choir pâle et tremblante sur un canapé, où Destigny inquiet s'empressa aussi de prendre place à ses côtés.

— Par quel hasard, petite sœur, vous rencontrai-je d'aussi bon matin? dit le jeune homme en prenant amicalement dans la sienne la main de Stéphanie. — C'est que je vous attendais, mon cousin. — Auriez-vous donc quelque chose de pressant à m'apprendre? — Oui, mon cousin, quelque chose de très-important, car ma vie en dépend. — Vous m'alarmez, Stéphanie. De grâce, parlez vite! — Mon cousin je ne veux pas que vous épousiez ma sœur, fit Stéphanie avec fermeté.—Plaît-il? fit Edouard en fixant sur la jeune fille un regard surpris.—Non, mon cousin.—Pourquoi?—Parce que je vous aime, et veux être votre femme. — Mais votre sœur m'aime aussi; à moi-même, elle est chère et précieuse. — Eh bien! il ne faut plus l'aimer, et il faut m'épouser, où vous ne préférez me voir mourir de chagrin. — Mourir! Oh non! vous êtes trop jeune et trop belle: ce serait dommage... Aussi, soyez raisonnable, Stéphanie; songez que les choses sont trop avancées pour que je puisse me dédire; que votre sœur, la bonne Armandine, pourrait bien aussi mourir de chagrin, si j'étais assez cruel pour trahir son amour et sa confiance par un lâche abandon. — En mourir? ah bien oui ! Armandine est jeune, belle; elle ne pourra manquer de trouver un autre mari que vous, et nous serons heureuses toutes deux. Ainsi, mon cousin, vous voyez que tout s'arrangera pour le mieux! — Stéphanie, vous êtes une petite folle! — J'en conviens, folle de vous. Je vous aime tant, Edouard, qu'une fois votre femme, je veux vous rendre l'homme le plus heureux du monde!

En prononçant ces paroles d'une voix douce et tendre, Stéphanie avait donné à son regard une expression si délirante, qu'Edouard se sentit troublé jusqu'au fond de l'âme, émotion que, bien des fois déjà, cette ravissante figure lui avait fait éprouver.

— Stéphanie! fit le jeune homme en essayant de s'échapper des bras qui formaient une chaîne gracieuse autour de son cou, Stéphanie, cessons cet entretien : éloignez-vous ; on pourrait vous surprendre ici ; et votre présence chez un garçon porterait atteinte à votre réputation... Allons, soyez raisonnable : partez!

A ces mots, Stéphanie se mit à fondre en larmes; Edouard, attendri, afin de la consoler, lui tendit une main amicale en lui disant ces mots : « Stéphanie, soyez gentille : réfléchissez que je suis lié irrévocablement à votre sœur. »— Ma sœur!... eh bien! épousez-la, et je me tue sous vos yeux. — Vous êtes une égoïste, Stéphanie ! — Moi? fit la jeune fille avec violence. — Oui, vous ! qui, de gaîté de cœur, voulez renverser le bonheur d'une sœur qui vous aime. — Oui, j'ai tort, j'en conviens ; mais je vous aime tant, mon cousin, que je mourrai si vous ne prenez pitié de moi, fit Stéphanie en pressant Edouard dans ses bras, sur son sein, en faisant, à travers ses larmes, une mine aussi jolie qu'elle était agaçante. — Folle! petite folle, s'écria Destigny avec précipitation, et en suppléant par un accès d'impatience à la vertu qu'il sentait défaillir en lui. — Oh! dites-moi tout ce qu'il vous plaira ; mais aimez-moi, Edouard, aimez-moi !

Et en disant ainsi, la coupable et imprudente jeune fille prit la tête de Destigny entre ses mains, et en approcha son frais visage.

Ainsi posée, elle put sentir le cœur du jeune homme battre contre le sien.

— Ah! vous ne direz plus que vous ne m'aimez pas, s'écria-t-elle joyeuse ; j'entends la preuve du contraire !— Imprudente! balbutia Destigny qui, sous l'étreinte des caresses que lui prodiguait Stéphanie, sentait la raison l'abandonner, et la passion bouillonner dans son cœur.

Hélas ! porté involontairement à ce degré d'exaltation, rien ne pouvait plus l'arrêter sur la pente rapide où l'entraînaient les caresses de cette fille si belle et si tendre ; Edouard perdit la tête, et il y eut alors un moment, un fatal moment de silence..

— Mon Dieu! qu'avons-nous fait, Stéphanie? malheur à nous! malheur à nous! s'écria Edouard en repoussant la jeune fille pour cacher dans ses deux mains son visage rougi par la honte et le remords! — Edouard! je ne me repens pas, car désormais vous ne pouvez plus être le mari de ma sœur, et l'honneur vous commande de devenir le mien, répondit Stéphanie en essayant de renouveler ses caresses. — Ah! laissez-moi! vous venez de faire notre malheur commun! s'écria le jeune homme en la repoussant, pour aussitôt se lever et s'enfuir hors du pavillon.

Stéphanie, que ces dernières paroles avaient frappée comme la foudre, essaya de se lever aussi ; mais elle retomba lourdement sur le canapé, où elle perdit connaissance.

XXI. — INCIDENTS DIVERS.

Edouard, après avoir quitté Stéphanie, s'était élancé comme un fou à travers la campagne, où, la tête en feu et presque privé de raison, il erra au hasard l'espace d'une grande heure, enfin, jusqu'à ce que le hasard l'eût ramené sous les murs de sa propriété dont il se croyait bien éloigné.

Voulant éviter de traverser le jardin, dans l'appréhension d'y rencontrer Stéphanie, et mettre aussitôt à exécution un parti qu'il venait de prendre, le jeune homme s'empressa de faire un long détour afin de gagner l'entrée principale de la maison, dans laquelle il se précipita, pour marcher droit à la chambre de madame Dorval, qu'il trouva seule et en train d'écrire.

La dame, en le voyant pâle, les yeux hagards et la démarche chancelante, laissa échapper un cri de surprise et d'effroi ; puis, en se levant aussitôt pour venir à lui :

— Qu'avez-vous, mon cher Edouard? seriez-vous malade ? s'empressa-t-elle de demander en prenant les mains du jeune homme. Parlez, parlez donc, mon ami! L'état dans lequel je vous vois m'effraie et m'afflige ! — Madame, je viens vous déchirer le cœur, vous dire enfin que je ne peux plus être l'époux d'Armandine, prononça Destigny, en proie à la plus vive douleur. — O ciel ! qu'entends-je ?... Pourquoi ce changement? Expliquez-vous, Edouard ! fit la dame effrayée et tremblante.

Destigny, qui tenait son visage caché dans ses deux mains, le découvrit, et, d'un air égaré s'écria :

— Pourquoi ?... Parce que l'honneur, celui de votre famille m'ordonnent d'épouser Stéphanie. — Stéphanie !... Malheureux !... Oh ! non, cela est impossible, n'est-ce pas, Destigny ? Une horrible pensée m'abuse ; vous êtes trop noble, trop généreux, pour avoir abusé... Hélas ! je n'ose même le dire...

Et voyant Edouard rougir, garder un morne silence, les yeux baissés vers la terre :

— Misérable ! vous avez déshonoré mon enfant ! Honte et malheur à vous ! reprit la pauvre mère en sanglotant :

Puis, reprenant :

— Où est ma fille ? où est Stéphanie ? Répondez !
— Dans le pavillon, fit le jeune homme d'une voix tremblante d'émotion.

Sans plus attendre, madame Dorval sortit de la chambre, pour courir au pavillon, où elle ne trouva personne.

— Grand Dieu ! qu'est-elle devenue ? La honte, le désespoir l'auraient-ils poussée à quelque action sinistre ! Ma fille! mon enfant ! où est-elle ? s'écriait la mère éplorée, en courant à travers les jardins, en appelant Stéphanie.

Et la pensée lui étant venue que la jeune fille pourrait bien s'être réfugiée dans la chambre qu'elle occupait avec sa sœur, madame Dorval s'empressa d'y courir, et, près d'y entrer, elle s'arrêta pour écouter les paroles de Stéphanie, dont elle entendait la voix.

En cet instant, les deux sœurs étaient réunies. Armandine, muette, sur un siège, pâle comme un lis, et les membres agités par un tremblement convulsif, attachait sur sa sœur des yeux qui semblaient avoir perdu leur mobilité naturelle, tant ils étaient fixes et ternes. Stéphanie, agenouillée à ses pieds, pressait ses mains dans les siennes, en les arrosant de brûlantes et abondantes larmes.

— Oui, je suis un monstre, une infâme ! j'ai brisé ton bonheur, pauvre sœur ! Oh ! pardonne-moi !... Pardonne à celle qu'un amour, plus fort que sa raison, a rendue la plus coupable comme la plus ingrate des sœurs... Armandine, je meurs de désespoir s'il était devenu ton mari, car je l'aime, vois-tu ; je l'aime depuis le premier jour où il apparut, à nos yeux, beau, bon, généreux, et apportant le bonheur à notre pauvre mère que la misère effrayait pour ses chers enfants. Armandine, réponds-moi. Au nom du ciel ! pourquoi restes-tu muette et me fixes-tu ainsi ? Ah ! dis-que tu me pardonnes, que tu ne veux plus être la femme d'Edouard. Réponds, réponds !

Et Stéphanie, suffoquée par la douleur, essayait vainement d'articuler quelques paroles.

Il est mon mari, car désormais il ne peut être qu'à moi, qu'à moi seule, à qui il a ravi l'honneur... Armandine, tu le veux bien, n'est-ce pas ? Tu ne voudrais pas causer le malheur de la petite Stéphanie, qui préférerait se donner la mort plutôt que de renoncer à Edouard, et de vivre déshonorée. — Oui, ton mari, il le faut, balbutia Armandine en retirant sa main que Stéphanie pressait dans la sienne. — Oh ! merci, sœur ! Le ciel te récompensera de ce noble sacrifice, toi qui es belle et bonne, en t'envoyant un gentil mari qui t'aimera comme je vais aimer le mien... Le mien, reprit Stéphanie avec l'expression de la crainte et de la douleur, frappée d'un douloureux souvenir, celui des injurieuses paroles que lui avait jetées Destigny en s'éloignant d'elle. Le mien !... Hélas ! pourvu qu'il consente à le devenir !

Et un torrent de larmes s'échappa de ses yeux en achevant ces derniers mots ; larmes devant lesquelles Armandine, comme frappée d'atonie, demeurait insensible et silencieuse.

A cet instant, la porte de la chambre s'ouvrit brusquement, et madame Dorval se montra à ses enfants le visage empreint de l'expression d'une douleur poignante, mêlée d'indignation.

— Ma mère ! s'écria Stéphanie en courant, rouge et tremblante, s'agenouiller aux pieds de la dame, tandis qu'Armandine n'avait tout au plus que la force de fixer sur elle un regard morne et désolé.

Au premier coup d'œil, la bonne mère devina tout ce que souffrait sa fille aînée ; aussi, repoussant Stéphanie, elle s'empressa de courir vers Armandine pour l'entourer de ses bras, la presser sur son cœur, et comme Stéphanie venait pour mêler ses caresses aux siennes :

— Retirez-vous ! sortez d'ici, infâme ! et allez m'attendre chez Benjamine, d'où je vous défends de sortir ! s'écria madame Dorval d'une voix courroucée et impérieuse.

Stéphanie, frappée au cœur par ces dures paroles, baissa les yeux et sortit en pleurant.

Restée seule avec Armandine, la pauvre mère, effrayée de l'état dans lequel elle la voyait, s'empressa de lui prodiguer des secours, de lui faire respirer des sels, tout en essayant de rappeler, par le contact du sien, la chaleur qui semblait s'être échappée de ce corps devenu de marbre.

— Armandine, chère enfant ! réponds à ta mère... Où souffres-tu ?... Reviens à toi, ma fille, parle-moi !... Mon Dieu, prenez pitié de ma pauvre fille ! Mon Dieu ! ne me ravissez pas tout à la fois l'honneur et mes enfants ! s'écriait madame Dorval, les yeux levés vers le ciel, en voyant Armandine demeurer muette et insensible à ses paroles comme à ses caresses.

Un ange, sous la figure de Benjamine, accourut au secours de la mère désolée.

— Hélas ! que se passe-t-il donc ? quel malheur nous arrive-t-il ? disait Benjamine en entrant vivement ; et, frappée de la pâleur mortelle qui couvrait le visage d'Armandine, se précipita vers elle, alarmée, en s'écriant : ma sœur ! ma chère sœur ! — Benjamine ! la désolation est entrée dans ma famille, plaignez-nous, et aidez-nous ! fit madame Dorval d'un accent douloureux et sévère. — O mon Dieu ! pourquoi donc affliger ceux qui nous aiment et nous res-

pectent ? murmura Benjamine en larmes, et tout en s'empressant de joindre ses secours à ceux que la pauvre mère prodiguait à la jeune malade.

Deux heures d'un entier anéantissement, d'une cruelle suffocation ; puis, grâce aux cordiaux indiqués par le médecin qu'on avait fait appeler, la poitrine de la jeune fille se dilata ; un torrent de larmes s'échappa de ses yeux, et le cri : sauvée ! circula de bouche en bouche.

— Du silence et du repos ! avait recommandé l'homme de l'art.

Et comme Armandine venait de s'assoupir, madame Dorval, moins inquiète, la confia à la garde de Benjamine, et s'éloigna pour se rendre auprès de Stéphanie qu'elle trouva assise dans un coin de la chambre de Benjamine, et pleurant à chaudes larmes.

Stéphanie, en voyant sa mère, se leva ; et, tombant à genoux les mains jointes, elle s'écria d'une voix suppliante :

— Ma mère ! je suis bien coupable, je m'humilie, je vous demande grâce et pitié. — Relève-toi, malheureuse enfant ! et dis-moi tout, tout avec vérité, si tu veux que le ciel et ta mère soient miséricordieux pour toi !

En disant ainsi, madame Dorval se laissait tomber anéantie sur un siège, près duquel Stéphanie se traîna sur ses genoux.

— C'est donc à Dieu et à vous, ma mère, que je vais faire l'aveu de ma faute ! balbutia la jeune fille en larmes, pour ensuite révéler tout l'amour que son cœur contenait en faveur de Destigny, raconter en rougissant la faute qu'elle avait commise le matin, en se rendant chez son cousin, et toute la séduction dont il l'avait entourée pour le séduire et le ravir à sa sœur. — Quoi ! vous avez fait tout cela, coupable enfant ? Vous ! que je croyais avoir élevée dans la crainte et l'amour de Dieu, vous avez osé oublier vos devoirs, toute pudeur et toute dignité, au point d'aller mendier les caresses d'un homme, exciter en lui une coupable passion, et détruire le bonheur de votre sœur en lui ravissant la possession de celui qu'elle aime, dont elle allait devenir l'épouse ?... Stéphanie, malheur, malheur à vous ! qui avez déshonoré votre famille et appelé sur elle les malédictions du ciel et le mépris du monde ! Oh ! oui, malheur aussi sur moi, pauvre mère ! dont les enfants faisaient toute la joie, et qui les perds tous les deux en un jour ! Malheur ! malheur ! termina madame Dorval en se laissant tomber, en larmes, sur un siège, le visage caché dans ses deux mains. — Ma mère, ma bonne mère, pardonnez-moi ! car j'étais folle alors ; oh ! oui, bien folle et imprévoyante, fit Stéphanie au désespoir, et aux genoux de sa mère, qu'elle embrassait et mouillait de ses larmes. — Te pardonner ! dis-tu, à toi, qui viens de tuer ta sœur, de nous couvrir de honte et d'opprobre ? Jamais ! jamais ! répliquait la dame en repoussant sa fille ; puis, se levant : laisse-moi ! laisse-moi ! Tu es un monstre ! Je te maudis ! ajouta-t-elle tout en cherchant à se débarrasser de Stéphanie qui, suppliante, entourait son corps de ses bras. — Vous venez de me maudire, ma mère ! O mon Dieu ! s'écria la jeune fille épouvantée, en pâlissant, pour aussitôt tomber à terre privée de connaissance.

Ce fut alors que la pauvre mère, effrayée et se repentant de sa rigueur, s'empressa de se baisser sur son enfant pour la relever, l'emporter, et aller la déposer sur le lit.

— Stéphanie ! chère fille, reviens à toi ! reviens, car je te retire ce sévère anathème ; je t'aime, je veux encore être ta mère ; je prierai Dieu de te pardonner comme je te pardonne moi-même ; reviens, ma fille, ma chère enfant !

Tandis qu'elle parlait ainsi, la bonne mère portait secours à sa fille, qu'elle délaçait à la hâte, tout en couvrant son visage de baisers.

— Hélas ! pourquoi cet homme est-il entré dans ma maison ? s'écriait douloureusement madame Dorval. — Ah ! ma mère ! ne le maudissez pas, car je l'aime ; il sera mon mari, fit Stéphanie qui, reprenant ses sens, avait entendu les dernières paroles de sa mère.

XXII. — PAUVRE FILLE !

— Il sera ton mari, dis-tu ? Dieu veuille qu'il en soit ainsi pour l'honneur de la famille !... Mais ta sœur, la pauvre sœur, hélas ! que deviendra-t-elle ? Pourra-t-elle jamais te pardonner ton ingratitude, de lui avoir ravi l'amour de celui qu'elle aime ?... s'écriait Stéphanie ! il sera pour toujours le bonheur de ta sœur et celui de ta mère ; que le ciel te pardonne ce crime !

Après avoir prononcé ces dernières paroles, madame Dorval sortit de la chambre pour retourner auprès d'Armandine qu'elle retrouva plongée dans une profonde rêverie, et, auprès d'elle, Benjamine attentive à ses moindres mouvements, les larmes aux yeux, la prière sur les lèvres.

Après avoir contemplé sa fille en soupirant, après avoir pleuré dans les bras de Benjamine, la pauvre mère s'éloigna de nouveau, cette fois, pour se rendre au pavillon où elle savait que Destigny s'était retiré.

Madame Dorval en effet, trouva le jeune homme dans sa chambre à coucher, assis sur un siége, plongé dans une profonde méditation, la tête basse, les bras croisés sur sa poitrine.

Destigny, dont l'âme était plongée dans une léthargie stupide, n'avait pas entendu entrer la dame dont le son de la voix éveilla seule son attention et lui occasionna un tressaillement douloureux qui le fit se lever comme en sursaut.

— Édouard, c'est une mère au désespoir, qui vient implorer votre pitié, en appeler à votre probité. Édouard, vous avez déshonoré l'une de mes filles, et vous avez tué l'autre, celle qui vous aimait tendrement, celle qui ne pourra survivre à votre perte, fit madame Dorval avec émotion et dignité. — Grâce pour ma douleur et mon repentir, ma chère tante! répondit Édouard en posant un genou en terre et en prenant la main de la dame qu'il porta à ses lèvres pour la mouiller de ses larmes. — Destigny, je sais tout; je sais qu'une imprudente fille, jalouse du bonheur de sa sœur, est venue d'elle-même chercher ici le déshonneur; qu'entraîné par ses coupables séductions vous avez, dans un fatal instant, oublié l'honneur et Armandine!... Édouard, je viens vous demander la réparation de ce crime! — Vous l'aurez, ma tante, Stéphanie sera ma femme, répondit le jeune homme d'une voix ferme. — Merci, merci, Édouard! Mais Armandine!... Qui me répondra des effets de son désespoir; qui la consolera de la perte d'un amour qui faisait toute sa joie?... Édouard, Édouard! Édouard! qu'avez-vous fait? Vous avez pour toujours apporté le deuil dans ma famille! acheva tristement la pauvre mère désolée. — Oui, je suis coupable, bien coupable, en effet; mais croyez, madame que ma vie entière sera consacrée à réparer ma faute, à ramener parmi nous ce bonheur que j'ai imprudemment détruit en un moment d'erreur! faute, dont le ciel me punit en me privant pour toujours, hélas! de la possession et de l'amour de la seule femme que j'aie jamais aimée; de celle qui, après avoir fixé mon cœur inconstant, m'a fait apprécier les précieuses qualités de son sexe. Grâce, ma chère tante, grâce pour mon repentir et ma douleur! — Votre repentir, Édouard! Oh! oui, pleurez, regrettez, vous qui, hier encore, voyiez en perspective tout un avenir de bonheur et d'amour, et l'avez détruit!... Hâtez-vous encore de rassurer une mère alarmée. Édouard, consentez-vous de cœur à réparer votre crime, en devenant l'époux de Stéphanie? — J'y consens! fit le jeune homme. — Et à la rendre bien heureuse, n'est-ce pas?... — Heureuse, répondit froidement Destigny. — Madame, cette union doit s'accomplir le plus tôt possible, et loin des yeux d'Armandine; il est encore important que nous nous séparions pour quelques semaines, c'est nécessaire, afin d'essayer de ramener, s'il se peut, le calme dans le cœur d'Armandine. Vous me rappellerez lorsqu'il en sera temps. — J'obéirai, ma tante, quoiqu'il m'en coûte de me séparer de tout ce que j'aime, répliqua Édouard tristement; mais, avant de m'éloigner, ne me sera-t-il pas permis d'entrevoir une seule fois Armandine? — Voulez-vous la tuer par votre seule présence? Non, Destigny, vous ne la reverrez plus que le jour où son cœur, oublieux de l'amour que vous lui avez inspiré, de l'injure que vous lui avez faite, pourra, sans regret ni mélange, supporter votre présence... Adieu donc, Édouard! C'est à Livry que vous nous retrouverez le jour que ma voix vous sommera de venir remplir votre promesse, de rendre l'honneur à Stéphanie.

Ces paroles dites, madame Dorval se retira vivement pour quitter le pavillon, et retourner auprès de ses filles.

Ce fut chez Stéphanie qu'elle entra la première, Stéphanie qu'elle retrouva à la même place, dans la même attitude qu'elle l'avait laissée, c'est-à-dire, accoudée sur l'oreiller du lit et les yeux inondés de larmes.

Madame Dorval, après s'être assise au chevet du lit, prit dans les siennes la main de la jeune fille qui, attendrie de cette marque de tendresse, s'empressa d'entourer de son bras le cou de sa mère, et de coller sa joue brûlante sur la sienne.

— Stéphanie, préparez-vous à devenir la femme d'Édouard, car son noble cœur, que vous avez égaré, consent à vous pardonner et à vous rendre l'honneur...

Et comme à cette nouvelle, un éclair de joie était venu briller dans les yeux de la jeune coupable, un léger sourire contracter ses lèvres:

— Ne vous réjouissez pas, Stéphanie, reprit la dame, d'un triomphe dont vous n'êtes redevable qu'à la honte et la nécessité; pleurez, au contraire, et plaignez une sœur que vous mettez au désespoir, qui peut-être ne pourra survivre à la perte de ses plus chères espérances, à celle de l'homme qu'elle aimait, dont elle était aimée tendrement. Oh! priez Dieu qu'elle vive et vous pardonne! Stéphanie! oui, priez, car s'il en était autrement, vous seriez à plaindre, bien à plaindre, pauvre fille!

Stéphanie ne répondit pas; elle baissa la tête, et cacha son visage dans ses deux mains, à travers lesquelles un ruisseau de larmes tarda peu à s'ouvrir un passage.

La mère et la fille, depuis un instant, se livraient silencieusement à leur profonde douleur, lorsque la porte s'ouvrit brusquement pour donner entrée à Benjamine qui pâle, tremblante, et après avoir porté un regard inquiet autour d'elle, s'écria:

— Armandine! où est-elle? — Quoi! n'est-elle plus dans sa chambre? demanda madame Dorval en pâlissant et se levant vivement. — Hélas! non; profitant d'un instant où j'avais été forcée de la laisser seule, elle a quitté la chambre, et disparu; et c'est en vain que je la cherche et l'appelle dans toute la maison, répondit la jeune fille.

Saisie d'une horrible terreur, la pauvre mère s'élança d'un bond hors de la chambre pour parcourir toute la maison, suivie de Benjamine, non moins inquiète et affligée. Vaines recherches! Armandine ne se retrouva pas; alors, c'est vers le pavillon que Mme Dorval, pressentant quelqu'affreux malheur, porte ses pas rapides, où elle se présente à peine à la plus vive anxiété, où elle se trouve en face de Destigny qu'elle effraie par sa pâleur:

— Ma fille! où est ma fille? dit-elle, d'un ton brusque et farouche. — De laquelle voulez-vous parler, ma tante? s'informa le jeune homme tremblant. — D'Armandine, qui a disparu, qu'on peut être qu'ici, reprit la dame avec l'accent du désespoir, en regardant partout d'un air effaré. Armandine! chère enfant! c'est la pauvre mère au désespoir qui te cherche; montre-toi, ma fille, si tu ne me préfères me voir expirer de douleur; puis, s'arrêtant et jetant un coup d'œil impérieux à Édouard: — Monsieur! dit Mme Dorval, ma fille est ici, rendez-la moi!

Impossible, ma tante; je vous jure sur mon honneur qu'Armandine n'est pas entrée chez moi; que je ne l'ai pas vue, répliqua Édouard d'une voix que le saisissement rendait inintelligible. — Elle n'est pas ici, vous ne l'avez pas vue? reprit Mme Dorval avec une expression déchirante. Hélas! vous venez de détruire mon dernier espoir!

Ces mots dits, la pauvre mère sortit du pavillon pour s'élancer dans les jardins, et la tête perdue, les parcourir en appelant sa fille à haute voix.

Édouard, qui redoutait un affreux événement, s'était empressé de suivre sa tante afin de l'aider dans ses recherches; au bout d'une avenue, rencontrant Benjamine qui courait aussi de son côté, il l'arrêta par le bras, et d'un ton suppliant:

— Benjamine, lui dit-il, que se passe-t-il?... Que peut être devenue Armandine? quelle crainte vous inspire donc sa disparition?... — Celle de l'avoir perdue pour toujours, si la pauvre fille s'est avisée d'écouter les conseils de son désespoir!... Ah! monsieur Destigny, qu'avez-vous fait? Combien vous êtes à plaindre!

A ces mots, le front du jeune homme se contracta avec une expression de fureur, il poussa un cri déchirant, et s'éloigna en courant vers une grille qui s'ouvrait du côté de la rivière, pour aller se jeter dans Narcisse Grivois et sa femme qui, descendus de voiture, se disposaient à entrer dans la propriété.

— Parbleu! c'est ce cher Édouard qui, nous ayant aperçus et reconnus de loin, est venu à notre rencontre, disait Narcisse se préparant à recevoir Destigny dans ses bras.

Le jeune homme les a reconnus, et cependant il passe, il s'éloigne en courant du côté de l'eau.

— Ah çà, est-il devenu fou? dit Suzanne avec humeur, en voyant fuir Destigny. Comment! nous venons le visiter en qualité de voisins et d'amis, et il s'en sauve au lieu de nous recevoir, sans même nous adresser la parole! — Ce pendant si nous venons ici, c'est d'après l'invitation réitérée que lui et sa future belle-mère nous ont adressée... Entrons toujours! Peut-être, n'est-ce qu'une plaisanterie de la part de ce cher Destigny; ensuite, ce doit être l'heure du déjeûner, et le grand air m'a tout à fait bien disposé pour en prendre ma part, répondit Narcisse.

Ils pénètrent dans la maison, où personne ne se présente pour les recevoir, où, après avoir parcouru tout le rez-de-chaussée des appartements, ils finissent par saisir au vol une servante qui, en courant, traversait un couloir.

— Dites-nous, la fille, où sont donc vos maîtres? Mme Dorval, ses demoiselles, Benjamine, ma belle-sœur? Où se cachent-ils tous, que nous ne rencontrons personne depuis une demi-heure que nous parcourons ces appartements? — Ous'qui sont? J'en savons pardine rien; ils couront tous après mam'zelle Armandine, et j'y courons, itou, répliqua la servante, pour reprendre aussitôt sa course et disparaître au loin. — Ah çà, décidément, il se passe ici quelque chose d'extraordinaire! fit Suzanne. — Allons au jardin, chère amie; peut-être y trouverons-nous les gens que nous cherchons, et nous expliquera-t-on le mot de l'énigme, proposa le mari.

En ce moment, Boudinot, qui arrivait de Paris, entrait dans la cour d'un air joyeux et le refrain sur les lèvres; car dans cette demeure il venait, comme toujours, chercher l'amitié, l'amour et le bonheur.

Ainsi que Narcisse et Suzanne, le jeune homme s'étonne de n'apercevoir personne venir, comme de coutume, à sa rencontre pour lui tendre une main amicale ou des joues couleur de rose à embrasser : quelques pas encore, et Boudinot reconnaît Narcisse et Suzanne dans les deux personnages qui descendaient le péristyle de la maison.

— Bravo! car il paraît que c'est aujourd'hui que l'amitié se rassemble dans la même demeure, s'écria le jeune homme en venant prendre la main de Narcisse, tout en souriant à Suzanne. — Eh bien! mon cher, vous êtes dans l'erreur; car loin de se rassembler, les amis sont ici tellement dispersés, qu'il nous est impossible d'en rencontrer un seul, si ce n'est ce fou de Destigny qui, en nous voyant, a pris ses jambes à son cou pour se sauver, dit Narcisse. — Allons donc, impossible! Édouard alors ne vous aura pas reconnus; et si vous n'avez rencontré personne dans la maison, c'est que les dames sont en promenade au jardin; allons les y rejoindre, car j'ose assurer que votre présence leur fera le plus grand plaisir. — Mieux encore, Boudinot; comme il fait une chaleur suffocante, et que je me soucie peu de brunir mon teint à l'ardeur du soleil, allez prévenir Mme Dorval de notre arrivée, tandis que nous nous reposerons au salon, dit Suzanne d'un air indolent.

La proposition étant acceptée, Boudinot s'éloigna pour parcourir le jardin, en poussant certains petit cri qu'il avait coutume de faire entendre pour annoncer son arrivée, et qui faisait ordinairement accourir à lui les trois jeunes filles folâtres et joyeuses.

Cette fois, rien ne répond à la voix du jeune homme que ce silence étonne, lorsqu'au détour d'une avenue, il aperçoit Benjamine qui, la toilette en désordre, le visage pâle et mouillé de sueur, allait d'une touffe d'arbre à une autre, d'un buisson à un taillis. Boudinot joyeux, s'empressa de voler au-devant de la jeune fille qui, elle-même, l'ayant reconnu, vint vivement à sa rencontre.

— Hélas! qu'avez-vous, ma chère Benjamine? dit le jeune homme en voyant le chagrin empreint sur les traits de sa gracieuse future. — Mon ami, la douleur est entrée dans cette maison. Au nom du ciel! aidez-nous à retrouver Armandine qui, désespérée, souffrante, a quitté cette demeure. — Désespérée, souffrante! De quoi? pourquoi? s'informa vivement Boudinot avec surprise. — Vous l'apprendrez, Boudinot; mais, en ce moment, ne vous occupez que de joindre vos efforts aux miens pour retrouver la pauvre fille.

Deux jardiniers qu'on avait envoyés, chacun de leur côté, prendre des informations, et qui rentraient du dehors, se présentent à nos gens et apportent des nouvelles alarmantes. Des ouvriers, occupés à réparer un bateau sur le bord de la Seine, avaient aperçu Armandine, qui marchait d'un pas vif le long de cette rivière ; la jeune fille semblait donner les marques de plus profond désespoir, s'arrêtant de temps en temps pour regarder l'eau couler à ses pieds; puis, elle recommençait à marcher si vite, que bientôt les ouvriers l'avaient perdue de vue.

Cette même nouvelle, rapportée d'abord à madame Dorval, avait encore accru son inquiétude, et engagé la pauvre mère à appeler tous les domestiques de la maison, et même plusieurs paysans, pour les supplier, les larmes aux yeux, les mains jointes, de courir à la recherche de sa fille, promettant une forte récompense à celui qui la lui ramènerait.

Benjamine, après avoir entendu, prit Boudinot par la main et l'entraîna vivement, afin d'aller rejoindre la pauvre mère, la soutenir et l'encourager dans son malheur.

Le temps, qui avait été beau toute la matinée, s'était subitement voilé de nuages noirs, et l'orage, accompagné d'un déluge d'eau, éclatait avec violence au moment où Boudinot et Benjamine quittaient le jardin pour courir après madame Dorval, qu'on leur avait dit être sur les bords du fleuve.

Après une course fatigante, faite sous une pluie diluvienne, les deux jeunes gens parvinrent à rejoindre la dame Dorval au milieu d'un groupe de paysans qui l'engageaient à retourner chez elle, et à se fier à leur zèle pour chercher sa fille.

La pauvre mère, quoique mouillée et les pieds baignés dans l'eau, ne prenant conseil que de son désespoir, voulait marcher quand même jusqu'à ce qu'elle eût retrouvé Armandine. Puis, apercevant accourir au loin Benjamine et Boudinot :

— Ah! c'est vous, mes chers enfants, dit-elle d'un ton exalté jusqu'à l'égarement ; vous venez la chercher avec moi, n'est-ce pas? Oh! oui, venez, venez; nous l'appellerons ensemble, et ne pouvant rester sourde à la voix de sa mère, à celle de ses amis, elle nous répondra. Oh! venez! venez! — Ces bonnes gens ont raison, dit Boudinot; vous ne pouvez aller plus loin; rester ainsi mouillée, sans risquer de gagner du mal. Permettez donc que Benjamine vous reconduise à la maison et fiez-vous à mon amitié pour vous rendre votre chère enfant. — Ainsi, Boudinot, vous me promettez de me ramener ma fille, n'est-ce pas? Cet ange dont la perte serait l'arrêt de ma mort. Allez donc, mon ami, car en vous je mets toute ma confiance... allez! hâtez-vous... hâtez-vous!

Après avoir dit ainsi d'une voix suppliante, madame Dorval, que Benjamine entraînait, s'éloigna à regret et tout en portant sur les eaux du fleuve ses regards inquiets et désolés.

Tandis que les choses se passaient ainsi sur la rive du fleuve, Narcisse et Suzanne se plaignaient entre eux de la longue attente dans laquelle on les laissait et du peu d'empressement qu'on témoignait à les recevoir.

— En vérité, il se passe ici quelque chose d'extraordinaire, disait Suzanne impatientée et de fort mauvaise humeur. Quoi! on nous engage à venir, et, lorsque nous nous rendons à l'invitation, personne ici pour nous recevoir, pas même ma petite sœur. — Patience, chère amie : au surplus, nous n'avions pas annoncé notre visite pour aujourd'hui... or, rien de bien étonnant que ces chers amis se soient absentés pour aller prendre leurs ébats à travers champs... disait Narcisse tout en se promenant de long en large dans la pièce.

Comme les deux époux se plaignaient ainsi, Benjamine, qui avait appris l'arrivée de la bouche de Boudinot, après avoir ramené madame Dorval à la maison et laissé la mère auprès de Stéphanie, s'était empressée de diriger ses pas vers le salon où elle se présenta pâle, les yeux rougis par les larmes et les vêtements mouillés, devant sa sœur et Narcisse.

— Bon Dieu! dans quel état te vois-je, ma chère petite? que t'est-il arrivé? serais-tu malade... malheureuse? s'empressait de demander Suzanne, tout en accourant à la rencontre de la jeune fille pour la prendre dans ses bras et pour l'embrasser.

— Suzanne, le malheur est dans cette maison; il étend sa main de fer sur ma bienfaitrice, et, en frappant la famille qui m'a adoptée, c'est me frapper moi-même au cœur; de là, ma douleur, de là le désordre que tu remarques en moi. — Ah bah! il y a du nouveau, de l'embrouillamini: contez-nous donc cela, petite sœur, fit Narcisse curieusement. — Ne m'interrogez pas, monsieur, et acceptez les excuses que je vous adresse de la part de madame Dorval, qui, douloureusement affectée, se voit aujourd'hui contrainte de renoncer au plaisir de vous recevoir. — C'est-à-dire qu'on nous prie très-poliment de retourner d'où nous venons... Très-bien, du moment où il y a trouble dans la famille, à ce que je crois deviner ; mais mon ami intime, Édouard Destigny est ici, nous a-t-on dit ; il habite certain pavillon situé dans les jardins ; nous serait-il permis d'aller lui presser la main, à moins que la grippe chagrine, qui règne dans cette maison, ne se soit aussi emparée de sa personne? reprit Grivois d'un ton maussade et contrarié. — M. Destigny ne pourrait de même vous recevoir en ce moment, répondit tristement Benjamine. — Voilà ce qui est fort! s'écria Narcisse avec dépit et colère. — Narcisse, vous êtes un sot et un indiscret en persistant à vouloir rester ici quand même... Ici, où il se passe en ce moment quelque drame sentimental et larmoyant duquel on nous fait mystère, dont notre présence entrave l'action. Et toi, petite sœur, qui remplis sans doute dans tout ceci le rôle de confidente victimée, si cet emploi finissait par trop te fatiguer, crois-moi, n'oublie pas que nous demeurons à quelques pas d'ici; plante-là cette famille fataliste et pleurnicheuse; puis viens avec ton petit amoureux te réfugier chez nous, où t'attendent un bon accueil, le plaisir et la liberté... Maintenant, en route, monsieur Grivois; hâtons-nous, car le miasme de tristesse, qui règne dans cette demeure, commence à me prendre à la gorge.

Ainsi disait Suzanne tout en se drapant dans le riche et fin tissu qui lui servait de châle.

— Oui, partons... A revoir, petite sœur! et surtout n'oubliez pas l'invitation que vient de vous adresser ma femme; venez dans notre maison de campagne, elle est adorable, et vous y serez reçue de tout cœur. — Merci, monsieur, de votre bonne invitation, que je n'aurai garde d'oublier, répondit Benjamine à Grivois.

Quelques paroles encore; puis après avoir chacun embrassé la jeune fille, le couple regagna sa voiture et se remit en route, fort contrarié de s'être dérangé pour rien.

XXIII. — SUITE DU PRÉCÉDENT.

La journée s'était écoulée sans amener aucun éclaircissement sur le sort de la pauvre Armandine. La nuit tombait; les valets et les paysans, envoyés à la recherche, étaient revenus, l'un après l'autre, sans avoir réussi dans leurs recherches. Destigny et Boudinot étaient les seuls qui n'eussent pas reparus, et leur absence soutenait l'espoir et le courage de madame Dorval, que l'état de souffrance de Stéphanie, qui ignorait encore la disparition de sa sœur, et les supplications de Benjamine retenaient seuls au logis, car la mère infortunée, que l'ignorance du sort de sa fille bien-aimée remplissait de terreur, se reprochait amèrement d'avoir confié à d'autres le soin de la rechercher.

Pour laisser Stéphanie dormir en paix, madame Dorval et Benjamine s'étaient retirées dans une chambre voisine de celle où reposait la jeune malade, chambre qu'éclairait sobrement la lueur d'une seule bougie.

Madame Dorval à qui il était impossible de demeurer en place, allait continuellement de la croisée à la porte, regardant et prêtant l'oreille.

— Hélas! reviendront-ils? L'auront-ils retrouvée? Me faudra-t-il passer une nuit dans cette cruelle indécision? disait-elle à Benjamine; s'ils allaient ne pas revenir, me laisser dans l'incertitude, dans la crainte de me désespérer encore plus en se présentant devant moi sans ma fille! Mon Dieu! mais ce serait alors me donner mille fois la mort!

Benjamine qui avait épuisé vainement tous les moyens de consolation et d'espérance, ne répondait que par les larmes qui coulaient sans bruit et sans interruption sur son visage pâle et fatigué.

La pendule indiquait la neuvième heure du soir; au dehors, le vent soufflait avec fureur et la pluie tombait à torrents. La cloche de la grille tinta faiblement, et peu d'instants après, Destigny se présenta pâle, défait, harrassé de fatigue, aux regards terrifiés de madame Dorval et de Benjamine.

A sa vue, la dame, quoique prête à s'évanouir, se redressa convulsivement:

— Ma fille! monsieur, ma fille! Quoi! vous, la seule cause de son malheur, osez reparaître sans elle devant moi!

Et comme le jeune homme, atterré, restait muet et la tête baissée.

— Ah! je comprends, reprit madame Dorval de l'accent de la colère que lui plaçait au cœur l'excès du désespoir: oui, je comprends! vous avez craint la fatigue. Ah! j'aurais dû m'en douter: un homme tel que vous n'est qu'un lâche, incapable de dévouement. Eloignez-vous! ne reparaissez jamais devant moi! vous, assez infâme pour avoir violé les droits de l'hospitalité, abusé de la confiance d'une mère, afin d'assouvir vos ignobles passions sur de pauvres et innocentes jeunes filles que vous avez perdues et déshonorées!

Edouard, accablé par le poids de cette malédiction, était tombé à genoux devant madame Dorval, le visage dans ses deux mains, comme pour cacher sa rougeur et ses larmes, lorsqu'un grand bruit se fit dans la cour, que la lueur de plusieurs torches illumina subitement.

Avant de rendre compte de la cause de ce bruit, retournons un peu en arrière pour reprendre notre récit au moment où Boudinot, après avoir quitté madame Dorval et Benjamine, s'était éloigné pour courir à la recherche d'Armandine en suivant le bord de la rivière, en dépit du déluge d'eau que déversait le ciel.

Plusieurs heures de passées à courir de droite et de gauche, afin de se renseigner à toutes les personnes qu'il apercevait sur les deux rives du fleuve, dans les champs et partout. Mais, hélas! personne n'avait vu ni même aperçu la jeune fille que Boudinot désignait.

Le pauvre jeune homme, mouillé jusqu'aux os, mourant de faim et de fatigue, afin de se rendre courage et force, s'était décidé à entrer dans un modeste cabaret, situé non loin de la rivière, et là à se faire servir de quoi apaiser la faim et la soif qui le tourmentaient.

Le cabaretier, voyant ses habits ruisseler d'eau, avait eu la sage précaution de le faire asseoir et de le servir près d'un bon feu, qu'il s'était empressé d'allumer dans l'immense cheminée de sa cuisine.

Boudinot avait certes l'intention, après avoir satisfait son appétit, de se remettre en route, pour continuer ses actives recherches; mais le diable qui se rit de nos meilleures intentions se plut à contrarier celles de notre jeune homme en lui fermant doucement la paupière, tandis que, étendu devant un feu pétillant, il essayait, en séchant ses habits, de ramener de la chaleur dans son corps glacé et tremblant.

Il y avait quatre heures et plus que Boudinot ronflait à briser les vitres, lorsque le cabaretier, voyant venir la nuit, se décida enfin à l'éveiller.

Rien ne pourrait dépeindre la déception et le mécontentement du pauvre garçon, lorsqu'en ouvrant les yeux, il vit le jour à son déclin et apprécia le temps précieux qu'il venait de perdre.

Boudinot — après quelques reproches adressés au cabaretier, qui avait respecté son sommeil — s'empressa d'acquitter son modeste écot, et de reprendre sa course à travers les flaques d'eau qui couvraient la terre et que n'avait cessé d'alimenter une pluie froide et incessante.

Encore quelques efforts infructueux; puis, découragé, voyant s'épaissir la nuit, Boudinot, pour regagner Evry, côtoyait la rivière, lorsque de loin il aperçut quelque chose de blanc qui semblait fuir devant lui.

— Si je me trompe, cela doit être une femme; Armandine, peut-être!

A cette pensée, notre jeune homme, oubliant sa fatigue, prend ses jambes à son cou et s'élance à la poursuite de ce fantôme qui fuyait devant lui, qu'il est près d'atteindre, et voit subitement disparaître dans une touffe d'oseraie, penchée au-dessus de l'eau.

Boudinot croit avoir reconnu Armandine, et c'est pour s'en convaincre qu'il pénètre résolûment dans la cachette humide et obscure où, à peine a-t-il fait un pas, qu'un bruit semblable à celui d'un corps qui tombe dans l'eau frappe son oreille, et que lui-même, la terre venant à s'ébouler sous ses pieds, il se sent entraîné dans l'abîme. Mais Boudinot est un excellent nageur ici, et, après son plongeon inévitable, revenu à la surface, porte vivement ses regards sur la surface de l'onde, qui fuit en emportant sa proie.

— Mon Dieu! secondez-moi! s'écrie le jeune homme qui, d'un bras habile, fend l'eau, nage, dépasse le flot en vitesse et atteint un corps qu'il saisit et dirige vers la berge où il aborde, où il dépose son précieux fardeau, qu'il couche doucement sur l'herbe, où un rayon de la lune, après avoir percé la nue, lui fait décidément reconnaître Armandine dans celle qu'il vient d'arracher à la mort.

— Mon Dieu! achevez votre œuvre de miséricorde en me permettant de la rendre vivante à sa pauvre mère! disait le jeune homme en faisant tous ses efforts afin de ramener la chaleur et la vie dans ce corps glacé, inanimé, qu'il pressait sur le sien et s'efforçait de réchauffer de son haleine.

C'est avec un frémissement de joie que Boudinot, après mille efforts, sentit le premier battement d'un cœur qui ressuscite, que son oreille reçut le faible soupir qui s'exhale du sein de la jeune fille.

3

— Elle vit! merci, mon Dieu! merci!

Et tout en disant ainsi avec ferveur et reconnaissance, Boudinot, dont le courage doublait la force, enlevait Armandine dans ses bras, pour ensuite prendre sa course vers Evry, chargé de ce précieux fardeau.

— Hélas! ne pourrai-je achever ma tâche ; me faudra-t-il la laisser mourir faute de secours? disait Boudinot qui, sentant les forces lui manquer, avait été contraint de déposer Armandine sur la terre.

Au loin, des chants joyeux se font entendre ; le fleuve se colore d'une teinte rougeâtre. Qu'est-ce donc? Des canotiers joyeux revenant d'une partie de plaisir; leur nacelle fend l'onde à force de rames, et leurs torches éclairent la marche. Ils viennent, ils approchent, ils vont passer.

— Du secours, amis, du secours! s'écrie alors Boudinot d'une voix forte et suppliante devant laquelle s'éteint celle si bruyante des canotiers, dont les regards s'empressent de parcourir le fleuve en tous sens. — Qui donc se noie? qui donc appelle? — Moi! par ici, sur la berge!

Puis, sur cette indication, les canotiers abordent la rive, débarquent et entourent Boudinot ainsi que la jeune fille qu'il tient mourante dans ses bras.

— Elle se noyait, je l'ai sauvée; achevez mon œuvre, mes amis, en m'aidant à rendre une fille à sa mère désolée. — Oui, oui! Où faut-il vous conduire? s'empressent de dire les marins d'eau douce. — Près d'ici, à Evry.

Et sur cette réponse de Boudinot, Armandine est enlevée et portée dans le canot où chacun s'empresse de se dévêtir pour la couvrir et lui prodiguer tous les secours nécessaires à combattre l'asphyxie et à rappeler la chaleur dans ce corps de glace, empreint de la pâleur de la mort.

A l'aide de la rame et de la voile, le canot a franchi l'espace, et atteint Evry. Quelques minutes de plus, et Boudinot, à la tête des canotiers portant Armandine, faisait son entrée dans la villa champêtre.

Telle était la cause du bruit qui était venu distraire la colère de madame Dorval et arrêter la malédiction suspendue sur la tête de Destigny.

— C'est elle! la voilà! elle est retrouvée! s'écrièrent les gens de la maison après avoir reconnu la jeune fille que les canotiers venaient de déposer dans leurs bras.

Madame Dorval, Edouard et Benjamine qui ont tout vu et entendu de la fenêtre où le bruit les avait attirés, s'empressèrent de descendre.

— Ma fille! mon enfant! s'écrie la mère en s'emparant d'Armandine pour la presser sur son sein, et la couvrir de baisers. — Elle existe! mais hâtons-nous de la secourir, conseille Boudinet.

Et, sur un signe de ce dernier, Edouard enlève la jeune fille dans ses bras, et, suivi de tous, franchit la montée, et va déposer Armandine sur le premier lit qu'il rencontre.

— Armandine! ma bien-aimée! disait madame Dorval restée seule dans la chambre avec Benjamine, tout en déshabillant vivement sa fille, tu m'es donc rendue, enfin; mais, hélas! dans quel état!

Des secours efficaces, dictés par un habile docteur, en moins d'une heure ramènent Armandine à la vie. Elle respire, ouvre la paupière :

— Armandine! nous reconnais-tu? demandait Benjamine en pressant la malade dans ses bras.

Au lieu de répondre, la jeune fille fixait sur sa mère et sur son amie un visage froid et impassible, un regard sans expression.

Armandine semblait être sous l'influence d'une espèce de somnambulisme, étrangère à tout ce qui l'entourait. Madame Dorval, effrayée, la prit sur ses genoux et la pressant avec amour sur son sein, lui adressa les plus tendres paroles.

Pas un regard, pas un mot de réponse ; la pauvre Armandine ne repoussait pas les caresses de sa mère, ni celles de Benjamine, mais on voyait qu'elle ne les sentait plus ; son âme paraissait morte avant son corps.

— Armandine, disait la mère affligée, réponds-moi, chère enfant! d'où viens-tu? Pourquoi as-tu voulu te donner la mort, et faire mourir à son tour ta pauvre mère de désespoir? — Armandine! ne reste pas ainsi silencieuse; parle-nous, chère petite sœur, disait à son tour Benjamine en baisant les mains de la jeune fille. — Où as-tu mal, mon enfant? Oh. souffres-tu? — Edouard! murmura faiblement Armandine.

Ce nom fatal, en rappelant les souvenirs de la mère, lui comprima douloureusement le cœur.

— Et moi, ma fille, me voilà! ne me reconnais-tu pas? moi, ta mère, qui ai failli mourir de douleur en te croyant perdue pour toujours! — Mourir! oh oui! mourir! C'est si bon de mourir! soupira Armandine avec un sourire qui glaçait le cœur ; puis, fixant sa mère dont les yeux étaient baignés de larmes : Pourquoi pleure-t-elle, reprit-elle. Est-ce que comme moi elle aimerait Edouard et voudrait me ravir son cœur et son amour? — Mon Dieu! mon malheur est au comble; elle a perdu la raison ! s'écria madame Dorval de l'accent du désespoir. — Oh non! espérons qu'il n'en est rien, fit vivement Benjamine non moins effrayée que la dame, mais qui voulait laisser un peu d'espoir dans le cœur de cette malheureuse mère. — Silence! ne parlez pas d'Edouard; prenez garde! Il y a ici une envieuse de mon bonheur, Stéphanie, qui voudrait m'arracher ma blanche robe et ma couronne de mariée... Oh ciel! elle nous a rendue, poursuivit Armandine en se tordant les mains. La voilà! voyez-vous ; elle veut entraîner mon mari... Edouard! ne l'écoutez pas; restez ici, vous savez, près de moi, de moi qui vous aime plus que la vie, et mourrais si vous trahissez vos serments...

Armandine s'arrêta épuisée; son visage était devenu rouge et ses yeux d'une vivacité effrayante : c'était le paroxysme du délire.

A ce moment, Edouard entra dans la chambre; son visage était pâle, son regard craintif et d'une tristesse extrême.

Venez, venez contempler votre ouvrage, Monsieur! et rendre s'il se peut la raison à cette pauvre folle, s'écria madame Dorval d'une voix sévère. — Folle! folle! dites-vous? O mon Dieu! cela est impossible; et ce que votre tendresse alarmée prend pour de la folie, ne peut être que le délire de la fièvre... Armandine, regardez-moi! je suis votre ami, votre... meilleur ami!

Armandine, en écoutant Edouard, semblait prêter une oreille attentive, puis réfléchir; un éclat de rire nerveux, qui faisait mal à entendre, s'échappa de ses lèvres ; ses yeux où régnait l'égarement tombèrent sur Destigny agenouillé devant elle.

— Edouard, toi, Edouard!... Oh non! il n'y a plus d'Edouard;... il est dans la rivière, où nous sommes morts tous les deux, fit la pauvre fille tristement. — Malheur! malheur! s'écria Destigny en se frappant le front et en laissant échapper un ruisseau de larmes de ses yeux.

Et pour compléter ce triste tableau, Stéphanie, pâle comme un lys, et se soutenant à peine, pénétra vivement dans la chambre, pour venir tomber à genoux devant le lit de sa sœur, et le mouiller de ses pleurs, en s'écriant :

— Armandine! pardonne-moi ; pardonne à ta sœur repentante... Oui, je suis un monstre! j'ai détruit ton bonheur, celui de la famille ! Oh pardonne ! si tu ne veux me voir mourir de douleur et de repentir ! pardonne, pour que Dieu ne me maudisse pas!

Armandine, muette et insensible à la prière de sa sœur, fixait sur elle un regard morne et stupide; puis elle se jeta brusquement dans la ruelle du lit, en poussant un cri qui dénotait la frayeur et la répulsion.

— Eloignez-vous! éloignez-vous! vous voyez bien que votre vue lui fait mal, s'écria madame Dorval d'une voix sévère. Après l'avoir rendue folle, voulez-vous donc tuer votre sœur?

Stéphanie poussa un gémissement, se releva, et disparut emmenée par Benjamine qui la conduisit à sa chambre, pour la confier aux soins d'une femme de chambre.

— Edouard! fit tristement madame Dorval restée seule avec le jeune homme qui, muet et pensif, tenait son regard douloureusement fixé sur Armandine dont le sommeil commençait à s'emparer. Edouard! le pardon vient de Dieu ; ne vous efforcerez-vous pas de le mériter, en remplissant la promesse que vous m'avez fait entendre, celle de devenir l'appui de la pauvre fille que vous avez déshonorée, et qui, sans cette réparation, serait perdue pour le monde? — Je la tiendrai, Madame! ordonnez donc ! — Cette parole me suffit, mon ami ; mais il est nécessaire de différer cette union de quelques jours. Edouard! vous allez partir, nous éloigner de cette maison que nous-mêmes abandonnerons pour retourner à notre paisible et modeste demeure de Livry, que nous n'eussions pas dû quitter. C'est à Paris que vous recevrez la lettre qui, tracée de ma main, vous rappellera près de nous, et lorsque vous la lirez, c'est que le temps aura cicatrisé quelque peu notre douleur. Allez, Edouard ! allez et priez pour vous et pour nous.

Destigny s'inclina devant cette volonté; et après avoir baisé respectueusement la main que sa tante lui abandonnait, il sortit de la chambre et s'en fut aussitôt donner des ordres pour son prochain départ.

Une heure plus tard, Destigny, tristement enfoncé dans l'un des coins de sa voiture, roulait vers Paris.

XXIV. — Trois mois plus tard.

— Ton maître y est-il ? demandait un matin Adolphe de Couvray au valet de Destigny, en se présentant chez ce dernier. — Oui, Monsieur. — C'est heureux ! car voilà la septième fois que je viens ici sans pouvoir le rencontrer.

Et tout en disant, le visiteur s'introduisait familièrement dans les appartements jusqu'à la chambre à coucher où il pénétra, et aperçut Édouard enfoncé dans un vaste fauteuil, un livre à la main.

— Enfin, te voilà donc, introuvable personnage !... Fichtre! comme tu es pâle et changé, mon très-cher; aurais-tu été malade?... termina Adolphe en fixant sur Destigny un regard surpris. — Oui !... fit laconiquement le jeune homme.

— C'est donc pourquoi depuis trois mois que tu es, dit-on, de retour à Paris, on ne t'a vu ni aperçu nulle part... Ça, mon très-bon, ni moi, ni le monde ne comprenne plus rien à ton existence... D'où sors-tu ? que t'est-il arrivé ? as-tu enfin épousé la petite cousine ? En un mot, es-tu garçon ou marié ? — Garçon encore, fit Édouard. — Ah ! ah ! est-ce que par hasard il y aurait eu de la brouille dans tes amours, ou plutôt, aurais-tu découvert certaine incompatibilité d'humeur qui aurait changé tes projets à l'égard de la gracieuse cousine ? S'il en est ainsi, tu as bien fait de rester garçon ; et je viens remettre à ta disposition mon amitié, ma gaîté et mon dévouement, afin de recommencer ensemble cette vie joyeuse qu'une amourette, impardonnable chez un homme tel que toi, a fait si subitement interrompue. — Merci de tes bonnes intentions, Adolphe; mais je ne me soucie pas de recommencer cette folle vie désormais antipathique à mes goûts comme à ma santé. — Allons ! ne fais donc pas le Caton ; et si tu y consens, afin de te remonter le moral, je te fais faire, dès ce soir, la connaissance d'une de nos plus belles lorettes de Paris, que son amant a plantée là pour un secrétariat d'ambassade. — De Couvray, je n'ai qu'une réponse à te faire : je vais me marier.

Comme Édouard terminait ces mots, son valet vint annoncer monsieur Narcisse Grivois, lequel se présenta frétillant et souriant comme à son ordinaire, pour venir presser la main des deux jeunes gens.

— Enfin, on peut donc pénétrer chez vous, et vous revoir, mon cher Destigny ! Savez-vous qu'il est mal de votre part de fuir et de consigner vos amis à votre porte, ainsi que vous le faites depuis trois mois, reprenant de loup au fond de vos appartements, dit Narcisse de l'expression du reproche. — J'étais indisposé, mon cher; et mon docteur m'avait ordonné le silence et le repos. — Oui, malade, mais moralement. Oh ! je sais tout; je connais la cause de vos chagrins ; on m'a tout conté à Évry ; les villageois sont si bavards ! si curieux ! Votre aventure avec vos cousines a fait un bruit d'enfer dans le pays... — Assez ! assez ! fit Édouard avec humeur et colère; puis, reprenant d'un ton sévère : Il est mal à vous, Monsieur, d'imiter de grossiers paysans en venant, pour ainsi dire, propager ici leurs impostures. — Comment ! comment ! est-ce que par hasard j'aurais commis une indiscrétion ? Est-ce que ce bon Adolphe ne serait pas initié ? reprit bêtement Narcisse. — Moi, très-cher, je ne sais rien ! absolument rien ! Ce diable de Destigny est maintenant, envers moi, d'une discrétion désespérante, dit Adolphe en riant. — A propos ! et pour rompre sur un chapitre qui semble déplaire à ce cher Édouard, reprit Narcisse, je veux vous gronder, vous adresser une foule de reproches plus affreux les uns que les autres, sur l'abandon dans lequel vous laissez des amis dévoués et sincères, en cessant de venir les voir. Or, veuillez me dire qu'elle sotte lubie vous a passé par la tête pour rompre avec ma femme et moi aussi brusquement que vous l'avez fait. — Est-ce aussi au nom de votre femme que vous m'adressez ces durs reproches, mon cher Grivois? — Pour mon compte seulement : quant à ma femme, je ne sais ce que vous lui avez fait, mais elle est furieuse contre vous, et pousse même la rancune jusqu'à me défendre, non-seulement de vous recevoir chez moi, mais encore de vous presser la main lors de nos rencontres. — En vérité ! Diable ! qu'ai-je donc fait de si criminel pour exciter un semblable courroux ? reprit Adolphe d'un rire moqueur.

— Je n'en sais fichtre rien; et tout cela me contrarie d'autant plus, que pour rompre la monotonie des tête-à-tête conjugaux, ma femme m'a prié de recevoir et de bien accueillir un jeune cousin de son côté, petit blond fadasse, coquet et musqué, qui usant largement de la permission, et sous le prétexte de tenir compagnie à ma femme durant mes fréquentes absences, s'installe chez moi du matin au soir. — Ah ! ah ! un cousin ! un petit cousin ! c'est charmant ! parole d'honneur ! fit Adolphe en riant aux éclats et renversé sur le dossier de son siège. — Oui, un cousin dont je n'avais jamais entendu parler à Suzanne, un petit drôle impertinent autant qu'il est spirituel, reprit Grivois. — Tenez, cher ! rien que de vous en entendre parler, ce mirliflor me déplaît, m'agace les nerfs ; et, si vous y consentez, pour le peu qu'il vous déplaise autant qu'à moi, je lui cherche querelle, le provoque et le tue. — Non pas ! non pas ! s'écria Narcisse vivement, le petit freluquet a aussi son bon côté, celui d'être d'une générosité princière. Croiriez-vous que depuis qu'il est reçu chez moi, où il semble se plaire infiniment, il a fait à Suzanne une foule de cadeaux, plus riches les uns que les autres, et à moi, l'hommage d'une magnifique pipe turque, dans laquelle ma femme m'envoie souvent fumer sur le boulevart, prétendant que l'odeur du tabac l'incommode ? — Hum ! hum ! si j'étais marié, je me défierais d'un cousin aussi généreux que celui-là, dit Adolphe méchamment. — Hein !.. allons donc !.. ce diable de de Couvray a toujours des pensées infernales ; d'ailleurs, je puis être tranquille, ma femme m'aime et m'a juré fidélité, répliqua le pauvre mari qui pourtant n'avait pu s'empêcher de pâlir et de rougir en entendant l'observation d'Adolphe.

— Ah çà ! mais, si le petit bonhomme est le cousin de votre femme, il doit nécessairement être aussi celui de votre belle-sœur, la jolie et sage Benjamine ? reprit sournoisement Adolphe, dont l'intention était de se venger des infidélités de Suzanne. — Cela va sans dire, fit Grivois, devenu pensif; puis se retournant vers Destigny : dites donc, Édouard, Benjamine vous a-t-elle parlé quelquefois du cousin en question ?

Mais Édouard n'avait rien entendu de la conversation; son esprit, absorbé par des pensées sérieuses, errait dans les campagnes de Livry, autour de certaine petite maison d'où il était banni depuis trois grands mois; aussi resta-t-il muet devant la question que lui adressait Grivois.

Sur ces entrefaites, le valet entra de nouveau pour annoncer M. Boudinot, nom magique qui eut seul le privilège de réveiller l'attention de Destigny qui, en l'entendant prononcer, se leva vivement de son siège et quitta de même la chambre pour courir à la rencontre du visiteur qu'il rejoignit dans l'antichambre, et sous le bras duquel il passa le sien pour l'entraîner dans une autre partie de l'appartement en lui disant :

— Passons par ici, Boudinot, nous serons plus libres de causer, car en ce moment ma chambre à coucher est envahie par deux importuns.

Après avoir introduit Boudinot dans un petit salon et s'être assis à ses côtés :

— Eh bien ! mon ami, quelle bonne nouvelle m'apportez-vous ? reprit Destigny avec empressement. — Cette lettre de votre tante, répondit le jeune homme en présentant ladite missive que Destigny s'empressa d'ouvrir pour lire avec avidité les lignes suivantes :

« Édouard ! revenez, il en est temps ; votre honneur, celui de Stéphanie, vous en font un devoir. Oh ! venez, venez pour un acte solennel, légitimer ce titre de mère que votre crime a imposé à une fille non moins coupable que vous. Édouard, c'est une mère qui vous supplie de remplir votre promesse, et vous demande, pour sa fille, un soutien, un protecteur, plus encore, un père pour son enfant.

» Stéphanie vous attend : tout est prêt pour cette union qui, seule, pourra nous relever aux yeux du monde, pâlir le rouge que la honte nous a imprimé au front, et ramener un peu de calme, d'espérance dans nos cœurs ulcérés. »

— Oui, oui ! malgré tout, en dépit de mon cœur, de tout le bonheur de ma vie, je tiendrai ma promesse ! s'écria Édouard après avoir lu. Elle m'appelle, j'obéis ; mais avant, Boudinot, parlez-moi d'Armandine, comment est-elle ?... — Folle ! toujours folle ! répondit tristement Boudinot. — Pauvre enfant ! et c'est moi, moi qui l'adore et plaçais tout le bonheur de ma vie dans sa possession, qui l'ai réduite en ce misérable état... Mon Dieu ! mon Dieu ! que je suis coupable !... Stéphanie ! Stéphanie ! serpent tentateur toi qui m'a poussé au mal, toi, l'unique cause de toutes mes souffrances, à toi mon indifférence, à toi mon mépris, termina le jeune homme avec colère. — Monsieur Destigny, loin de la maudire, faites grâce à la pauvre fille qui n'a péché que par excès d'amour pour vous. Oui, grâce pour celle qui est la mère de votre enfant, fit Boudinot avec bonhomie et, en prenant la main d'Edouard. — Un enfant! un enfant! c'est le démon, sans doute, qui, pour me lier encore plus à cette femme, a forgé cette nouvelle chaîne... Malédiction! — Stéphanie est belle, douce; elle vous aime; or, votre union avec elle ne peut qu'être heureuse... Allons, de l'indulgence, du courage, et souvenez-vous qu'on nous attend là-bas, reprit Boudinot. — Ainsi donc, je vais devenir l'époux de Stéphanie, d'une femme que mon cœur repousse, et renoncer pour toujours à celle que j'aime, à l'ange qui m'a fait comprendre le bonheur, en m'inspirant le véritable amour... Ah! maudits soient la faiblesse et les séductions qui me firent oublier un instant Armandine et l'amour éternel que je lui avais juré... Maudit soit encore l'honneur qui m'impose une réparation aux dépens du bonheur de ma vie entière!

Ainsi disait Edouard, avec douleur et dépit, en essuyant vivement les larmes qu'il voulait retenir, et qui, malgré lui, s'échappaient de ses yeux.

Après cet entretien et être convenus de l'heure de leur départ pour Livry, Destigny et Boudinot quittaient ensemble le petit salon, le premier pour vaquer à sa toilette, et le dernier pour aller trouver Adolphe et Narcisse dans la chambre à coucher où ils étaient restés en dépit de l'absence d'Edouard.

— Parbleu! voilà ce cher futur beau-frère qui arrive on ne peut plus à propos pour éclaircir la chose en question, s'écria Narcisse en voyant entrer Boudinot. — De quoi s'agit-il? demanda ce dernier. — De nous éclairer sur un point généalogique, fit Adolphe en riant. — Expliquez-vous, messieurs, dit Boudinot. — Boudinot, connaissez-vous tous les membres dont se compose la famille de Benjamine et de Suzanne? interrogea Narcisse. — Ma foi non, car je les crois même sans parents aucun. — Quoi! pas même un petit-cousin qui soit blond et riche? fit Adolphe. — Jamais Benjamine ne m'a entretenu d'une pareille aubaine. — C'est qu'elle ne connaît pas celui dont il est question, garçon des plus aimables et des plus généreux, avec lequel je veux que vous fassiez connaissance, Boudinot, reprit Narcisse. — Ne serait-ce pas quelque mystifier ce mauvais plaisant de de Couvray qui voudrait, je ne sais trop pourquoi, me monter la tête à l'endroit de ma femme, et me faire croire à un cousin de contrebande.

A cet instant, la conversation fut interrompue par un valet qui, de la part de Destigny, venait appeler Boudinot et excuser son maître auprès de Narcisse et d'Adolphe de ce qu'il était forcé de partir subitement sans avoir le temps de leur adresser ses adieux.

Boudinot s'empressa donc de prendre congé des deux messieurs qui, assez contrariés de se voir traités avec ce sans-façon, s'éloignèrent, à leur tour, bras dessus bras dessous.

Il n'était encore que onze heures du matin, lorsque la calèche qui avait emporté Destigny et Boudinot arriva à Livry, et qu'elle fut s'arrêter à la porte de la demeure de la famille Dorval.

Les deux jeunes gens marchèrent droit au salon. Madame Dorval et Stéphanie étaient assises près d'une fenêtre donnant sur le jardin.

Au bruit que fit la porte en s'ouvrant, les deux femmes tournèrent la tête, et ces mots: « c'est lui! » furent prononcés en même temps.

La mère et la fille se levèrent; mais, troublées et interdites, elles restaient debout sans accueillir les deux jeunes gens par un sourire ou un serrement de main.

Enfin, madame Dorval s'avança; et, d'une voix faible, émue:

— Soyez encore une fois le bienvenu parmi nous, dit-elle.

Stéphanie, plus belle encore, le teint pâle et les yeux modestement baissés, s'empressa d'avancer des sièges.

Destigny, troublé lui-même, s'assit en balbutiant quelques mots.

Madame Dorval et Stéphanie reprirent leur place, et Boudinot s'esquiva silencieusement.

Ces trois personnages, si fatalement liés ensemble, se regardèrent un instant en silence comme pour observer mutuellement le changement causé dans leurs traits par le chagrin.

En trois mois, madame Dorval avait vieilli beaucoup, et la maigreur de ses traits, la pâleur mate répandue sur son visage, trahissaient une violente souffrance qu'elle s'efforçait de dissimuler.

Quant à Stéphanie, elle n'avait fait que gagner encore plus en beauté. On eût pu la prendre pour un type idéal de jeune fille, si sa taille, qui commençait à s'arrondir, et la pose de ses mains, qu'elle tenait souvent croisées sur sa poitrine, n'avaient trahi, malgré elle, un secret dont elle devait rougir.

— Edouard! dit enfin madame Dorval en indiquant Stéphanie, le moment est venu d'accomplir la promesse sacrée que vous m'avez faite; votre union avec Stéphanie ne peut plus supporter aucun retard. Etes-vous prêt, mon ami, à conduire à l'autel celle que vous acceptez pour femme? — Je suis prêt, madame; vous devez en juger à l'empressement que j'ai mis à me rendre ici aussitôt que votre lettre m'eût appris que vous me reverriez sans déplaisir. — Stéphanie! dis à ton cousin que tu acceptes son nom avec bonheur, et que tu fais le serment d'être une bonne et sage épouse, dit madame Dorval en prenant doucement la main de la honteuse et timide jeune fille, qui ne leva les yeux que pour remarquer avec douleur toute la froideur du regard que Destigny dirigeait sur elle.

Tout à coup, le dépit succéda à l'embarras de Stéphanie, qui, sentant les larmes prêtes à s'échapper de ses yeux, se leva et sortit brusquement du salon.

Madame Dorval, qui avait tout deviné, pâlit encore plus, et poussa un douloureux soupir, et, voyant Edouard rester calme et silencieux devant la fuite de la jeune fille:

— Destigny, dit-elle, si l'union que vous allez contracter n'était pas votre cœur qu'un froid devoir de conscience, dites-le avec franchise, car je préférerais qu'elle ne s'accomplisse jamais plutôt que de lier l'existence de mon enfant à celle d'un homme sans justice de cœur et sans caractère.

Cet accent de fierté maternelle frappa Edouard d'une pitié mêlée d'admiration; il saisit et baisa la main de madame Dorval, et répondit avec l'accent du cœur:

— Tout ce qu'un honnête homme peut et doit faire en pareille circonstance, je le ferai, madame.

Ces quelques mots jetèrent un peu de joie dans le cœur de la dame, qui fixa sur son futur gendre un doux regard où se peignait la reconnaissance; et tous deux convinrent ensemble que ce mariage se ferait le lendemain de très-grand matin, l'état de Stéphanie et l'honneur de la famille ne permettant plus de différer.

Dans le cours de cette journée, Destigny, pour ne point chagriner madame Dorval, qui l'observait avec inquiétude, s'efforça de paraître gracieux envers Stéphanie, tandis que son cœur, triste et inquiet, ne pensait qu'à la pauvre Armandine, la pauvre folle retenue, loin de ses regards, dans l'une des chambres de la maison, et confiée à la garde de la sainte et dévouée Benjamine.

XXV. — UN MARIAGE.

Le jour fixé pour la célébration du mariage venait de naître beau et radieux; les pendules marquaient à peine la cinquième heure, que déjà la famille Dorval se trouvait réunie dans le petit salon.

En voyant ces figures pâles et défaites, il était facile de deviner que personne n'avait reposé la nuit.

Madame Dorval paraissait fort triste; Destigny, mécontent et agité; Stéphanie, que sa mère pressait tendrement dans ses bras en fixant sur elle un regard inquiet, Stéphanie, muette et timide, ne s'occupait qu'à chercher dans les yeux d'Edouard s'il était satisfait de l'acte sérieux qui allait s'accomplir.

La jeune fille n'avait point été parée, pour cette cérémonie, de la robe virginale; la blanche couronne n'ornait pas son front; une toilette simple et sévère la couvrait.

Boudinot, qui s'était chargé de procurer les témoins discrets et indispensables, avait choisi ces derniers parmi les quelques bons amis qu'il avait à Paris, et, après les avoir amenés à Livry dans une voiture d'Edouard, le jeune homme attendait avec eux, à la mairie, la venue des mariés.

L'acte civil accompli, vint le tour de la cérémonie religieuse, à laquelle assistèrent seulement les personnes intéressées, l'entrée de la petite église ayant été interdite aux curieux du pays.

Les deux époux avaient reçu, avec des sentiments bien opposés, la bénédiction nuptiale.

Tandis que Stéphanie, plongée dans une douce extase, les larmes aux yeux et le cœur plein d'une douce espérance, faisait, au pied de l'autel, le serment d'amour, d'obéissance et de fidélité, Destigny ne trouvait, au fond de son cœur, que le souvenir et l'image de sa chère Armandine : il ne faisait qu'une promesse à celle qu'il acceptait pour femme, une promesse de protection et d'amitié fraternelle, car son amour, il l'avait donné à Armandine pour la vie, pour l'éternité !...

Ce bizarre projet de mutiler, pour ainsi dire, sa foi conjugale, de la partager entre deux femmes, tarda peu de se révéler par une étrange conduite.

Aussitôt de retour à la maison, Edouard se retira solitaire dans sa chambre, et Stéphanie, qui espérait, attendait même quelques douces caresses, quelques mots bienveillants, en se voyant délaissée si vite, à cette première marque de l'indifférence de l'homme qu'elle venait d'accepter pour époux, ne put retenir les larmes qui vinrent en abondance mouiller sa paupière.

Après avoir remercié et congédié les témoins, après leur avoir fait la promesse de les rejoindre à Paris sous quelques jours, afin de fêter entre eux le mariage qui venait de s'accomplir sous leurs auspices, Boudinot donc était vivement revenu auprès de Benjamine, qui, depuis la veille, n'avait pas quitté la pauvre insensée, dont elle était devenue la compagne prévoyante et inséparable.

A l'arrivée de Boudinot, Benjamine, la bonne âme, qui rabaissant son intelligence au niveau de celle d'une pauvre folle, bâtissait sur la table, devant laquelle elle et Armandine étaient placées, un château de dominos dont la chute bruyante faisait sourire la jeune fille.

Cette Armandine, jadis si fraîche et si belle, chez qui la pâleur du lys avait remplacé l'éclat de la rose, Armandine, devenue frêle comme le roseau qu'incline le plus léger zéphir, ne reconnaissait même plus ses meilleurs amis. En voyant entrer le jeune homme, ses beaux yeux noirs, que rendait plus grands encore la maigreur de son visage, se fixèrent sur Boudinot avec l'expression de la surprise et de la crainte ; et fut dans les bras, sur le sein de Benjamine, qu'elle s'empressa vivement de chercher un refuge contre la terreur panique qui s'emparait d'elle.

— Sœur, n'aie pas ainsi peur, c'est notre ami commun, ce bon Boudinot, qui vient nous tenir compagnie et jouer avec nous... Regarde : il te sourit, il t'aime comme je l'aime, fit Benjamine d'une voix douce et en caressant de sa main mignonne le visage de la folle. — Oui, pour me marier avec lui ! Oh ! non ; mais mon Edouard, mon fiancé, n'est-ce pas ? Hélas ! il est bien longtemps à revenir... Je l'attends... ma belle robe de mariée est là... Comme il va me trouver belle, et comme Stéphanie sera jalouse, répondit Armandine d'un accent douloureux et saccadé.

En ce moment entraînait madame Dorval qui, voyant sa pauvre enfant enchaînée dans les bras amis de Benjamine, ne put réprimer le cri de joie et de reconnaissance qui s'échappa de son sein.

— Oh ! Benjamine, mais tu n'es pas de cette terre, tu es un ange descendu du ciel pour nous aimer, nous secourir et nous consoler... Que Dieu, dans sa juste bonté, te rende au centuple tout le bien que tu nous fais, et que sa bénédiction sanctifie celle qu'une mère reconnaissante t'impose du fond de son cœur.

Ainsi disait la dame en partageant ses caresses entre Benjamine et sa fille ; sa fille qui, ne voyant plus en elle qu'une étrangère, essayait de se soustraire à ses baisers.

— Mes enfants, reprit madame Dorval, les événements funestes qui ont détruit pour jamais la félicité et la paix de ma famille, ne peuvent pas me rendre injuste au point d'oublier votre propre bonheur ; si la fatalité s'est opposée à la double et heureuse union qui devait avoir lieu, il n'en est pas moins important que la vôtre s'accomplisse prochainement. Les malheurs qui nous accablent ne doivent plus longtemps être un obstacle à votre bonheur. Mariez-vous donc, mes enfants, mariez-vous vite, si vous désirez que j'aie encore la force de vous bénir, de vous tenir lieu de mère à tous deux, en cette sainte occasion.

— Me marier ! lorsqu'elle souffre... hélas ! qui donc alors veillerait sur elle ? répondit Benjamine tout en pressant Armandine sur son cœur. — Sa mère, qui remplira son devoir, répliqua madame Dorval. — Oui, marions-nous Benjamine, car alors je ne vous quitterai plus, et nous serons trois pour veiller sur elle, fit Boudinot d'un ton suppliant.

Paroles auxquelles Benjamine répondit par un doux sourire en plaçant sa main dans celle du jeune homme.

Cette journée s'écoula sans joie, sans que rien rappelât un jour de noces, et plus les heures s'écoulaient, plus la vague inquiétude qui semblait préoccuper l'esprit de chacun semblait prendre de force, comme si l'on avait été dans l'attente de quelque grand événement.

Au dîner, Destigny se présenta avec une figure calme ; il s'approcha de Stéphanie et la baisa au front, et ce baiser d'époux tout froid qu'il fût, suffit à Stéphanie pour rassurer son cœur et lui faire rêver un heureux avenir, songe menteur qui allait peu tarder à s'évanouir.

La soirée fut aussi triste que l'avait été la journée, malgré les efforts que fit Boudinot dans l'espoir d'amener le sourire sur les lèvres.

Madame Dorval qui n'avait cessé d'épier les mariés, de soupirer en voyant l'indifférence qu'Edouard témoignait à l'égard de sa femme, espérant que le tête-à-tête finirait par amener un amical rapprochement entre les deux époux, et voyant la pendule du salon indiquer la onzième heure du soir, madame Dorval donc se leva brusquement et fit signe à Stéphanie de la suivre.

— Boudinot ! fit alors Edouard en se voyant seul avec le jeune homme, j'ai à réclamer une grâce de votre bonne amitié. — De quoi s'agit-il, Monsieur ? parlez ; je suis tout prêt à vous obliger, si cela est en mon pouvoir. — On dérobe Armandine à mes regards, mon ami, et je brûle du désir de la voir, ne fût-ce qu'un instant ; faites donc en sorte de m'en faciliter le moyen en me conduisant à la chambre qui la renferme. — Hum ! triste vue, que celle d'une pauvre fille devenue insensée par votre fait, répondit Boudinot en branlant la tête ; mais, reprit-il, ne craignez-vous pas que votre présence n'augmente encore plus sa folie ? Edouard, croyez-moi, n'essayez pas d'ajouter au mal que vous avez causé. — Boudinot, je vous en supplie, ne repoussez pas ma prière : que je voie Armandine, une seule fois encore, un seul instant, et vous m'aurez rendu un service dont je vous garderai une éternelle reconnaissance, reprit Destigny d'un ton suppliant et les larmes aux yeux. — Venez donc, puisque vous le voulez absolument ; mais, au nom du ciel, soyez prudent, dit Boudinot se sentant ému, tant il est vrai que la passion est éloquente, que tout homme persuadé persuade, que pour arracher des pleurs il faut pleurer.

Les deux jeunes gens quittèrent donc le salon pour monter à la chambre d'Armandine où Boudinot pénétra le premier, où il vit la jeune fille seule et endormie sur son fauteuil.

Où donc était alors la gardienne vigilante de la pauvre insensée ? Dans la chambre nuptiale en train d'aider madame Dorval à coucher Stéphanie.

— Entrez ; elle sommeille : de grâce ne l'éveillez pas, dit Boudinot en introduisant Destigny.

C'est aux genoux d'Armandine qu'Edouard va se prosterner, c'est sur le visage pâle et amaigri de la pauvre fille qu'il fixe son regard humide de pleurs.

— Hélas ! quel affreux changement !... Et c'est moi ! Ah ! malheur sur le serpent dont les coupables caresses ont pu un instant me faire oublier mes serments et la seule femme que mon cœur ait aimée. Oh ! oui, malheur ! murmurait Edouard, pour ensuite déposer doucement ses lèvres sur la main qu'Armandine tenait posée sur ses genoux.

Ce léger attouchement, après avoir éveillé la jeune fille, lui fit ouvrir les yeux. Armandine leva aussitôt sur Destigny un regard dans lequel se peignaient la surprise et l'égarement.

— Que veux-tu ? je ne te connais pas... Ah ! ma robe de mariée, peut-être... Demande-la à Stéphanie ; c'est elle qui me l'a prise... Tu me la rendras, n'est-ce pas, car je veux être belle, bien belle, pour aller à l'église où Edouard m'attend. — Pauvre fille ! s'écria Destigny d'un accent de désespoir et en mouillant de ses larmes brûlantes la main qu'il tenait dans la sienne. — Tu pleures, je crois, reprit Armandine ; y penses-tu ? un jour de noce... Tiens, conduis-moi à l'église où je vais devenir sa femme... Il m'attend, il m'appelle. Je l'aime bien mon Edouard... Viens vite, l'aime aussi, elle, et elle me le prendrait... Viens ! partons !

Et, en achevant ces mots, Armandine s'était levé vivement du siége sur lequel elle retomba lourdement pour y perdre connaissance.

— Monsieur Destigny, éloignez-vous! vous voyez, elle ne vous reconnaît pas, et cependant votre vue l'agite, l'émotionne; elle la tuera si vous persistez à vouloir demeurer près d'elle, disait Boudinot en essayant d'entraîner Edouard, qui sanglotait et couvrait Armandine de larmes et de caresses.

A ce moment, la porte de la chambre vint à s'ouvrir, un cri se fit entendre, et Destigny, ainsi que Boudinot, aperçut, en se retournant, Stéphanie, qui tomba évanouie dans les bras de sa mère. Ce fut alors qu'Edouard consentit seulement à s'éloigner d'Armandine, mais pour sortir vivement de la chambre, et, sans pitié pour celle à qui il venait de donner son nom, quitter Livry, et diriger sa course vers Paris.

Le lendemain matin, un courrier, dépêché tout exprès de la ville, remettait une lettre ainsi conçue à madame Dorval.

« Madame, j'ai obéi à tout ce qu'exigeaient l'honneur et le devoir; que ferais-je de plus par ma présence? Je viens de prendre un parti irrévocable, celui de m'éloigner pour quelque temps; peut-être le voyage que je vais entreprendre apportera-t-il quelques diversions aux funestes idées qui m'assiégent. Rester, madame, ce serait une faute; ce serait vouloir le malheur de Stéphanie; ainsi me le dit un cœur encore tout rempli d'un amour violent pour une autre que je vais me forcer d'oublier, si cela est possible. Pardonnez-moi, bonne mère, de vous affliger, et, loin de me blâmer, prenez en pitié la vive douleur qui oppresse et déchire mon cœur. J'ai rendu l'honneur à votre nom ; je vous assure la moitié de ma fortune ; c'est tout ce que je me sens la force de faire en ce moment. Je vous confie Stéphanie, veillez sur elle, sur son bonheur, et dites-lui d'espérer. Adieu! adieu! nous nous reverrons un jour.

» ÉDOUARD DESTIGNY. »

Cet abandon, ce départ étaient le coup le plus terrible qui pût frapper le cœur de la pauvre mère, qui, désolée, tremblante, se laissa choir en larmes dans les bras de Stéphanie.

XXVI. — QUATRE MOIS APRÈS.

— Mais je ne me trompe pas, c'est ce cher Narcisse Grivois que je retrouve après trois mois d'absence, s'écriait joyeusement Adolphe de Couvray, tout en enlaçant de ses bras le susdit Narcisse, dans lequel il venait de se heurter en plein boulevard des Italiens.

— Bonjour, bonjour, mon cher Adolphe! je suis enchanté de rencontrer un sincère et bon camarade tel que vous, répondit le petit homme d'un air contrit et en poussant un soupir énormément gros. — Çà, qu'avez-vous, mon bon, votre mine me produit l'effet d'un de profundis? Aurions-nous éprouvé quelques graves pertes à la Bourse? La baisse nous aurait-elle été funeste? — Pire que tout cela, mon cher; j'ai perdu l'honneur, la moitié de ma fortune et ma femme par-dessus le marché, répliqua Narcisse d'une voix triste et solennelle. — En vérité! Contez-moi donc cela, mon bon. — Soit! Car vous fûtes toujours pour moi un ami sincère, et j'éprouve le besoin d'épancher mes douleurs dans votre sein, dit Narcisse en passant son bras sous celui d'Adolphe, afin de l'entraîner au premier café qui s'offrit à eux, pour s'y installer à la table la plus isolée. — De Couvray, lorsque vous me quittâtes, il y a trois mois, je me croyais le plus heureux des hommes, le plus fortuné des époux. Eh bien! il n'en était rien. Aujourd'hui, vous voyez en moi un mari volé et cocufié par la plus infâme et la plus hypocrite des femmes. — Il se pourrait! exclama Adolphe en cachant, sous l'apparence de l'indignation, l'éclat de rire qui le suffoquait. — Ce n'est que trop vrai, hélas! l'indigne Suzanne, qui m'avait juré fidélité au pied des autels, m'a indignement trompé. — Avec son petit-cousin, sans doute?... — Justement, mon cher Adolphe, son petit-cousin avec lequel elle n'était pas plus cousin ni cousine que nous ne le sommes ensemble. — La malheureuse! Mais comment avez-vous découvert cette perfidie? — D'une manière bien simple ; en prétextant un voyage; en rentrant chez moi, une nuit, en silence, où je surpris ma femme couchée avec son petit cousin, dans les bras duquel elle sommeillait sans remords, la malheureuse! — Par exemple! Et vous fîtes un éclat? interrogea vivement Adolphe. — Un éclat affreux! Je m'emparai de la propre canne du séducteur; et, plein de rage, je me mis à frapper sur le couple perfide qui, éveillé en sursaut, saute en bas du lit, tombe sur moi, me roue de coups à son tour, me garotte malgré mes cris et m'emporte dans un cabinet éloigné de l'appartement où il me met sous clef. — Voilà qui est fort! Cocu, battu et emprisonné par-dessus le marché... Ensuite?... — Trois heures de rage et de captivité ; puis, au jour, le concierge de la maison vint enfin briser mes chaînes et me remettre une lettre tracée de la main de mon infidèle épouse ; je brise le cachet et lis. — Et que contenait cette lettre? — Des choses infâmes! Suzanne m'écrivait que, ne pouvant se décider à vivre davantage avec un homme assez lâche et inhumain pour frapper une faible femme, elle se séparait de moi pour l'éternité, et que j'aie à lui payer, dans le plus bref délai, la somme de cent cinquante mille francs, moitié de ma fortune, d'après les conditions de notre contrat de mariage, et cela sous peine de m'y voir contraint et forcé de par la loi. — Fitchtre! voilà qui est fort ; çà, vous n'avez rien fait, j'espère? — Telle était ma ferme intention ; mais, attaqué en séparation de corps et de biens, j'ai perdu le procès, et il m'a fallu payer bon gré mal gré. — Mais, lors de ce procès, vous ne révélâtes donc pas l'inconduite de votre femme, son adultère, ce qui devait la priver des avantages de son contrat de mariage? — Au contraire, je me suis exténué à dépeindre sa conduite ; le tribunal a retenti de mes plaintes, mais comme je manquais de preuves aussi bien que de témoins, et que Suzanne protestait effrontément de son innocence, les juges, après avoir éloigné la question d'adultère, ont prononcé notre séparation et m'ont condamné à payer. — Voilà, ma foi, une justice bien rendue! En sorte, mon cher, que vous êtes redevenu célibataire? — Oui, mari-garçon à perpétuité, avec sept mille cinq cents livres de rentes pour tout bien. Sapristi! écartez donc les préjugés! épousez donc une Lorette dans l'espoir d'en faire une femme de bien! Voilà ce qui arrive! termina Narcisse avec colère et douleur. — Mon cher, ceci était une action méritoire de votre part, car il est dit dans l'Ecriture que Dieu commanda au prophète Ozée d'épouser une femme de débauche, parce qu'il veut qu'une action si chrétienne soit suffisante pour obtenir la rémission des fautes, en ce qu'elle met dans la voie du salut celle qui marchait dans le chemin de la perdition. — Fort bien! mais les Madeleines repentantes n'étant plus de notre siècle, à moins qu'elles n'atteignent la soixantaine, au diable le dévouement. — Maintenant que les choses en sont arrivées à ce point, rien ne m'empêche donc plus, cher ami, de répondre franchement à certain reproche que vous m'adressâtes souvent, reprit Adolphe d'un petit ton hypocrite. — Lequel? fit vivement Narcisse. — Parbleu! de ce que j'avais cessé brusquement mes visites chez vous. Sachez donc, mon bon ami, que votre femme s'étant subitement éprise d'une belle passion en ma faveur, je me trouvais sans cesse auprès d'elle dans la position de feu Joseph avec madame Putiphar ; et que, trop honnête homme pour jamais trahir l'amitié, j'ai préféré rompre avec votre maison. De là la haine qu'elle m'a jurée et ma brusque disparition de chez vous. — Ceci est noble et digne de votre part, mon cher Adolphe ; aussi à vous désormais, et comme par le passé, mon amitié et ma confiance. — Çà, maintenant, donnez-moi, Narcisse, des nouvelles de Destigny, qui doit être aujourd'hui heureux époux et père. — Comment, vous ne savez pas? fit Narcisse avec surprise. — Non, en vérité! Oubliez-vous que depuis trois mois et plus, j'ai vécu loin de Paris et du monde, enterré tout vivant, en plein Bourbonnais, dans le château d'une mienne vieille tante dont je viens de recueillir la succession? — Seriez-vous redevenu riche? — D'une trentaine de mille francs de rentes, une bagatelle... Mais arrivons au fait et apprenez-moi... — La lamentable aventure de ce cher Destigny! écoutez donc...

Ici Narcisse se mit à raconter dans tous leurs détails les événements survenus à Destigny, ainsi qu'à la famille Dorval.

— Quoi! tant d'événements, de malheurs! fit Adolphe. Mais savez-vous, mon cher Grivois, reprit-il en riant, que cela est fort romanesque et ferait un sujet de complainte admirable, en poétisant un peu les choses, — Oh! ne riez pas : une pauvre fille, devenue folle par amour, une jeune femme abandonnée par un mari qui court le monde, on ne sait de quel côté, une mère accablée de chagrin il y a deux mois... — Quoi! madame Dorval est morte? interrompit Adolphe avec surprise. — Oui, mon cher, morte et enterrée! Que Dieu la récompense dans le ciel comme elle mérite de l'être car elle est une sainte femme, sainte au point d'avoir résisté à mes séductions dans le temps que j'étais amoureux d'elle !... — Dites-moi, reprit de Couvray, où sont ses filles, quel est leur sort ?... — La jeune Stéphanie, femme Destigny, habite à Paris l'hôtel de son mari, où elle s'ennuie à mourir en attendant le retour d'Édouard qui ne se presse guère de se rendre à ses désirs. Armandine, la folle, dont rien que la voix de sa perfide petite sœur redouble ses accès de folie, Armandine, recommandée par sa mère aux soins de la gentille et sage Benjamine, devenue femme Boudinot, il y a de ça trois mois, habite encore la petite maison de Livry, aimée, cajolée, entourée de soins, de prévenance par les jeunes époux qui ont juré à madame Dorval mourante de ne jamais abandonner la pauvre insensée qu'ils ont adoptée pour sœur. — Cette jeune fille est-elle donc condamnée à une éternelle folie ? s'informa de Couvray. — Les médecins espèrent, mais ils ne répondent de rien. — Dites-moi, Grivois, étant brouillé avec votre femme, vous devez sans doute l'être aussi avec votre belle-sœur ? — Erreur, mon bon ; Benjamine n'est-elle pas innocente des grèderies de Suzanne, avec laquelle elle a rompu, dont elle déplore l'indigne conduite ? Sachez, au contraire, qu'elle et son mari, cet honnête Boudinot, sont devenus mes meilleurs amis et mes consolateurs. — Ne pensez-vous pas comme moi qu'il y a témérité de la part d'un mari à laisser ainsi seule et livrée à elle-même une aussi jeune et jolie femme qu'on dit l'être madame Destigny ? — C'est aussi mon avis ; mais Stéphanie adore Édouard ; ensuite, quoi de plus respectable qu'une femme enceinte de six mois ? — C'est juste ! une grossesse inspire toujours un certain respect... Ah çà ! quoique s'étant condamnée au boulet à perpétuité, en se faisant la gardienne d'une folle, Benjamine, je pense, ne doit pas moins faire de fréquentes visites à l'Ariane abandonnée ? — Rarement, vu que la farouche vertu de Benjamine garde rancune à Stéphanie de la petite fantaisie dont elle s'est régalée en confisquant traîtreusement, à son profit, l'amant et le mari de sa sœur, répondit Narcisse tout en regardant l'heure à sa montre pour ajouter aussitôt : Diable ! je serai en retard, cher ami ; il faut que je vous quitte, un rendez-vous me réclame. Ah çà, venez au plus tôt me visiter dans le nouveau et modeste domicile où m'a relégué la perte de cent cinquante mille francs que m'a volés une coquine de femme. — Et vous demeurez ? — Rue d'Antin, 7, au quatrième, rien que cela, porte à droite, une corne de cerf pour sonnette ; c'est très-facile à trouver.

Quelques paroles échangées en plus, et nos deux personnages se séparèrent.

XXVII. — Projets de séduction.

Seule dans l'hôtel de son mari... Dix-sept ans, jolie, délaissée par un époux qui ne l'aime pas... Décidément il est de mon devoir d'aller consoler cette chère petite femme ; la galanterie m'en fait un devoir... Et Suzanne aussi est libre... Je suis curieux de savoir si elle m'en veut encore, si, après l'avoir rendue infidèle à son bénêt de mari, je serais assez adroit pour lui faire commettre à même péché à l'égard de son petit amant... Ma foi, la fortune m'a pris en pitié en me comblant une seconde fois de ses faveurs ; la vie est à moi, rendons-la le plus agréable possible en cédant aux amours..... A moi cette Stéphanie ! Suzanne... et même la jolie Benjamine, si le cœur m'en dit... A l'œuvre donc, Céladon ! Don Juan ! Lovelace ! Guerre aux maris ! ainsi disait de Couvray après avoir quitté Narcisse et tout en se dirigeant vers la demeure de Destigny qu'il atteignit, où il se présenta.

— Destigny est-il chez lui ? demanda-t-il au concierge qui le reconnut. — Monsieur est en voyage depuis trois mois, monsieur. — Bah ! moi aussi, j'en arrive... Est-ce que par hasard ce cher ami aurait eu la fantaisie de courir après moi, son intime ? Est-ce que par hasard nous nous serions croisés en route ? — Monsieur est, dit-on, en Allemagne, reprit le concierge. — Alors, nous nous tournions le dos... Ah ! je comprends : on m'a dit qu'il s'était marié durant mon absence, et Destigny sera allé promener sa jeune épouse, sans doute ?... — Non, monsieur, madame Destigny n'est point partie avec lui. — Qu'en a-t-il donc fait alors ? reprit Adolphe en feignant la surprise. — Madame est ici ; elle habite cet hôtel en attendant monsieur. — Parbleu ! que ne me le disiez-vous tout de suite sans me laisser perdre dans une foule de suppositions. Mais alors je veux faire connaissance avec elle ; il est de mon devoir de présenter mes respects à l'épouse de mon meilleur ami. — Certainement,

monsieur, mais madame ne reçoit personne. — Personne, c'est possible ; mais moi, je suis quelqu'un... Est-elle chez elle ?... — Madame ne sort jamais. — Très-bien, je cours me faire annoncer... Tenez, Germain, voilà pour vous.

Puis, après avoir jeté une pièce d'or au cerbère, de Couvray s'éloigna, traversa la cour, et trouvant un valet dans l'antichambre, lui ordonna d'aller annoncer à Mme Destigny la visite de M. Adolphe de Couvray, ami intime de son mari.

A ce moment, Stéphanie, vêtue de deuil et retirée dans le fond de ses appartements, parcourait une brochure de mode, étendue paresseusement sur un soyeux lit de repos. En apprenant cette visite, la jeune femme se redressa, réfléchit un instant, puis donna l'ordre d'introduire de Couvray, qui se présenta le sourire sur les lèvres pour saluer respectueusement la jeune femme qui l'accueillit avec embarras, timidité, et de qui la beauté le frappa d'admiration.

— Veuillez, de grâce, Madame, excuser ma démarche ; mais en apprenant que cet excellent Édouard s'était marié pendant la longue absence que je viens de faire, je n'ai pu résister au violent désir de présenter mes très-humbles hommages à l'épouse de mon meilleur ami. — Quoiqu'en l'absence de monsieur Destigny je me sois fait un devoir de vivre dans la solitude, je vous sais gré, Monsieur, de votre politesse et vous en remercie, répondit Stéphanie. — Quoi ! ce cher Destigny est absent ! fit Adolphe en feignant la surprise. — Oui, Monsieur. — Pour quelques jours seulement, sans doute ? — J'ignore encore l'époque de son retour ; et, cependant, j'ose espérer que M. Destigny ne peut tarder à revenir.

Tout en causant ainsi, Adolphe, sur l'invitation de Stéphanie, s'était assis en face d'elle, mais le plus près possible ; et là notre libertin contemplait d'un œil avide les charmes dont la fatigue et les inconvénients d'une grossesse de six mois n'avaient pu altérer la beauté ni les grâces.

— Ainsi, Madame, reprit de Couvray d'un accent doux et ingénu, privée de votre cher mari, vous vous condamnez sans pitié à une retraite rigoureuse ? — Ainsi l'exigent, Monsieur, ma position et la prudence... Ensuite, conviendrait-il à une femme de mon âge de courir le monde seule et en l'absence de son mari ? — Mais votre famille... — J'ai eu l'affreux malheur de perdre ma bonne mère, Monsieur, et ma pauvre sœur, privée de la raison. — Oui, je sais cela, Madame ; le malheur ne vous a point épargnée, et pourtant, qui mieux que vous, belle, douce et bonne, mérite d'être heureuse ? fit Adolphe avec feu et sentiment : langage flatteur qui colora les joues de Stéphanie d'une teinte rosée et lui fit timidement baisser les yeux.

— Je ne me plains pas, Monsieur, dans l'espoir que l'avenir me sera plus favorable. — Oh ! oui, espérez ! espérez ! Mais, j'y pense, vous avez une amie qui, sans doute, n'a pu vous oublier et se plaît à venir adoucir la présence de votre solitude... La bonne Benjamine ? — En effet, quelquefois, rarement ; ma position exige tous ses instants. — Je vous l'ai dit, Madame, je suis l'intime ami d'Édouard ; entre nous plaisir et peine furent toujours partagés. En faveur de cette même intimité, de cette bonne et franche fraternité, accordez-moi la douce permission de venir troubler quelquefois votre solitude afin de nous entretenir ensemble de ce cher Destigny... Moi aussi, je suis seul, et comme vous, Madame, sous l'impression d'une profonde tristesse qu'a plongée dans mon âme la perte récente d'une parente chérie que je viens d'enfermer dans la tombe... Ah ! ne me refusez pas le bonheur que j'implore, celui de mêler mes regrets aux vôtres, de puiser la consolation et l'espoir dans vos yeux si doux et si tendres !

En parlant ainsi, d'un ton suppliant, l'adroit séducteur s'était emparé de la main de Stéphanie qu'il pressait avec aménité ; attouchement auquel la jeune femme n'osait se soustraire.

— Ce que vous me demandez, Monsieur, est-il de mon devoir de vous l'accorder ; ne serait-ce pas se risquer d'encourir le blâme de mon mari et celui du monde ? — Votre mari, Madame, confiant en mon amitié, mon honneur, ne pourrait qu'approuver cette innocente et amicale liaison ; quant au monde, que nous importe son verbiage ? et, d'ailleurs, est-il nécessaire de le mettre dans la confidence de notre intimité ?... Allons, soyez moins sévère, moins craintive, et acceptez en moi un ami dévoué. — En vérité, Monsieur, j'aurais mauvaise grâce et ferais preuve de peu de reconnaissance en persévérant plus longtemps à refuser cette franche et honnête amitié que vous daignez m'offrir : c'est vous dire que désormais la présence de l'ami intime de

M. Destigny sera toujours agréable à son épouse, répondit Stéphanie d'un ton souriant et gracieux; puis reprenant : Commençons donc notre pacte d'amitié, dit-elle, par nous rendre service mutuellement, et vous d'abord, Monsieur, en cherchant par tous les moyens possibles à découvrir dans quel pays voyage en ce moment mon mari, auquel je désire écrire dans l'intention de le ramener auprès de moi le plus vite possible.

— J'y consens de grand cœur, Madame, et vous promets de commencer aujourd'hui même mes recherches et mes informations à ce sujet. — Ah! Monsieur, combien je vous serais reconnaissante ! répliqua la trop confiante Stéphanie, que cette promesse remplissait de joie et d'espérance.

Cette causerie se prolongea sur le ton d'une confiance bonne et amicale de la part de la jeune femme, sur celui de l'obligeance et de la galanterie du côté du jeune homme qui, satisfait du succès de cette première visite, espérant plus sur la seconde, se décida enfin à se retirer, en emportant l'estime de Stéphanie et l'espoir d'un prompt et heureux succès dans la séduction qu'il se promettait et regardait comme infaillible.

XXVIII. — A TROMPEUR, TROMPEUR ET DEMI.

Un dimanche, par une belle journée d'automne, une voiture vint s'arrêter à la porte de la petite maison de Livry, et une jeune femme vêtue de deuil en descendit pour pénétrer dans la champêtre demeure. C'était Stéphanie qui, selon son cœur et son habitude, venait pour s'informer de la santé de sa sœur et embrasser Benjamine. Du jardin où se trouvaient réunis Boudinot, Benjamine et Armandine, s'échappaient en ce moment les éclats d'une joie folle.

— Hélas! le bonheur que j'ai détruit serait-il donc rentré dans cette maison? Oh! tant mieux, car Dieu prenant mon repentir en pitié, me pardonnera peut-être les douleurs de ma pauvre sœur et la mort de ma mère que le chagrin a tuée.

Ainsi disait tristement Stéphanie en se dirigeant vers le jardin où le bruit des voix l'attirait, lorsqu'une pénible réflexion arrêta subitement ses pas, celle qu'il lui était interdit de paraître devant Armandine dont sa vue augmentait les souffrances et le délire. Stéphanie était donc demeurée immobile et indécise au milieu du couloir qu'il fallait traverser pour se rendre au jardin, lorsque Benjamine qui l'avait aperçue de loin, accourut à elle d'un air joyeux pour la prendre dans ses bras et l'embrasser.

— Soyez la bienvenue, Stéphanie, car j'ai une heureuse nouvelle à vous apprendre : Armandine vient enfin de reconnaître mon mari et moi, et de nous appeler par notre nom; mieux encore, elle demande sa mère, sa sœur; et son regard, quoiqu'incertain encore, semble vous chercher en même temps que sa voix vous appelle, dit Benjamine avec plaisir et fierté. — Benjamine, pensez-vous que, sans danger pour elle, je puisse la voir et l'embrasser : ce qui serait pour mon cœur une vive consolation, un grand bonheur. — Essayons, ma bonne amie, car je comprends votre désir... Venez, venez, Stéphanie !

Et la jeune femme, après avoir passé son bras autour de la taille de Stéphanie, l'entraîna doucement au jardin où, sous le berceau de chèvre-feuille, Armandine était assise à côté de Boudinot.

A la vue de sa sœur qui s'approchait craintive, le visage d'Armandine devint pensif; son regard, en la fixant, exprima une vague surprise stupide. La pauvre insensée cherchait à reconnaître, à se souvenir.

— Armandine, c'est moi, c'est ta sœur Stéphanie qui t'aime... Ne me reconnais-tu pas? dit la jeune femme d'une voix douce et en s'agenouillant devant sa sœur pour prendre sa main et la porter à ses lèvres.

Armandine ne répondait pas, elle fixait toujours, et de grosses larmes tombaient de ses yeux ; puis, peu à peu, ses lèvres s'agitèrent, et le nom de Stéphanie s'en échappa à la grande satisfaction de chacun.

— Elle me reconnaît, oh bonheur ! dit Stéphanie qui, emportée par la joie, sauta au cou de sa sœur pour couvrir son visage de baisers.

Alors, sur les lèvres pâlies d'Armandine, vint se poser un sourire immobile; puis la jeune insensée enlaça de son bras la taille de Stéphanie, l'assit sur ses genoux et passa ses doigts dans les boucles de sa riche chevelure avec lesquelles elle se mit à jouer.

— Armandine, chère Armandine ! tu m'aimes donc toujours ? s'écria Stéphanie.

— Ma mère, ma mère! soupira la jeune fille avec amertume.

Et ces mots, en éveillant subitement le remords dans le cœur de Stéphanie, firent tressaillir tout son corps.

— Ta mère, elle va venir, cher ange... Allons, appelle-moi par mon nom; dis que tu m'aimes bien fit vivement la bonne Benjamine afin de faire diversion à la douleur de Stéphanie.

— Benjamine, je t'aime, répondit Armandine, en tendant la main à la jeune femme; puis reprenant en cherchant du regard autour d'elle : Édouard, mon mari, il ne reviendra donc pas? L'heure est sonnée pourtant où nous devions nous rendre à l'église... Est-ce qu'il ne m'aimerait plus?... Stéphanie, va donc le chercher, dis-lui que je souffre, que je suis bien malheureuse quand il n'est pas là...

En entendant sa sœur parler ainsi, Stéphanie s'était mise à pleurer, et peu à peu dégagée de ses bras.

— Allons, du courage ! la raison lui reviendra entièrement, je l'espère; puis elle vous pardonnera, vous aimera comme elle vous a toujours aimée, dit Boudinot à Stéphanie en la voyant s'éloigner afin de cacher les larmes qui la suffoquaient. — Boudinot, je suis bien malheureuse! bien coupable! ma faute a privé ma sœur de la raison, elle a tué ma mère, elle m'a mérité l'abandon et le mépris d'Édouard qui ne m'a épousée que pour rendre l'honneur à la famille. Tout cela est affreux, bien affreux et me fera mourir de chagrin ! — Allons, du courage, ma chère Stéphanie, espérez, Dieu est bon ; et en faveur de votre sincère repentir, il daignera vous prendre en pitié, rendre la raison à Armandine, vous ramener votre mari, enfin nous faire tous heureux.

En disant ainsi, Boudinot s'efforçait de calmer le désespoir de la jeune femme et d'arrêter ses sanglots.

Tandis que les choses se passaient ainsi à Livry, Adolphe, qui courait les Champs-Élysées dans un élégant tilbury, allait heurter sa roue dans celle d'une élégante calèche où se promenait noblement une femme jeune, belle et coquette.

— Maladroit! s'écria la dame que le choc avait effrayée, en s'adressant au jeune homme. — D'honneur, je ne donnerais pas l'épithète échappée de votre jolie bouche pour tous les trésors du monde, puisqu'il me procure aujourd'hui le plaisir de reconnaître en vous la délicieuse de Saint-Amour. — Comment, c'est vous! dit Suzanne froidement. — Pourquoi cet accueil glacial, ne suis-je donc plus de vos amis? — Quelle question ! fit la jeune femme en haussant les épaules. — Allons, je vois que vous me gardez rancune d'une supercherie innocente que m'inspira l'amour en votre faveur... Tenez, Suzanne, j'ai beaucoup à vous dire... Permettez-moi, en qualité d'ancien ami, de prendre place à vos côtés afin de pouvoir causer longuement avec vous.

Et sans attendre la permission qu'il demandait, comme les deux véhicules roulaient doucement tout près l'un de l'autre, de Couvray sauta légèrement du tilbury dans la calèche, où il tomba assis à côté de Suzanne.

— Vous ne cesserez donc jamais d'être aussi audacieux qu'impertinent? dit Suzanne. — Et vous d'embellir chaque jour davantage?... Çà, au lieu de nous faire froide mine, contons-nous nos petites affaires... Oh ! j'en sais de belles sur votre compte. Avoir été assez imprudente pour pour se laisser surprendre, et perdre tout à la fois mari, fortune, considération. Quelle innocence ! Vrai, je vous croyais plus forte, ma chère Suzanne. — Hélas! soupira Suzanne. — Et tout cela, reprit de Couvray pour un petit bonhomme, intitulé Casimir, dont nous nous sommes sottement éprise. — Que voulez-vous, mon cher, le cœur n'a pas le sens commun ! Heureusement que ledit petit amant raffole de moi, qu'il est riche à millions, et que, pour me consoler, il m'a donné hôtel et voiture, douce compensation à la perte d'un époux grotesque que je ne pouvais digérer. — Mais au moins deviez-vous renoncer aux avantages d'un contrat qui vous autorisait à prendre la moitié de la fortune du pauvre diable bouffonné et cocufié par votre gracieux caprice? — Depuis quand fait-on fi de cent cinquante mille francs ? Tenez, ne faites donc pas le petit Sénèque, mon bon; il n'y a que les gens ruinés ainsi que vous qui font mépris des richesses. — Vous faites erreur, mon adorable : apprenez que certain héritage de trente mille francs de rente en biens-fonds m'est tombé assez à point pour rétablir une fortune que vous m'avez aidé à dissiper, soit dit sans reproche. — Quoi ! vous êtes redevenu riche ? dit Suzanne vivement en fixant sur de Couvray des yeux où une amicale expression venait d'effacer celle de la froide indifférence. — Comme je vous le dis, riche de près de sept cent mille francs et à même de faire le bonheur de la femme qui daignera m'aimer... sérieusement, termina Adolphe en appuyant sur son dernier mot. — Je saisis l'épithète, mon cher, sans dépit ni regret. Casimir m'aime, et sa fortune est inépuisable. Avis ! — Il ne nous reste donc que d'être unis... Voulez-vous, Suzanne ? — D'après le tour indigne que vous m'avez joué, je devrais dire non, mais je suis si bonne ! Ensuite, je ne dois pas oublier que, lorsque vous étiez riche, vous fûtes pour moi un amant généreux. On ne peut donc haïr ce qu'on a aimé. Touchez là, Adolphe, termina Suzanne en présentant au jeune homme une petite main gantée et parfumée dans laquelle il posa la sienne. — Maintenant, causons de nos anciennes connaissances : vous savez les aventures de Destigny ? — Oui, qu'il a épousé par réparation et planté là sa femme ; que la folle est toujours folle ; que mon imbécile de sœur s'est constituée infirmière à perpétuité, ainsi que son jeannot de mari, qu'elle mène, dit-on, par le bout du nez. — Tout cela est exact, comme il est vrai que la petite Stéphanie, l'Ariane abandonnée, est le plus joli comme le plus friand des morceaux passés, présents et à venir. — Vous la connaissez donc ? interrogea Suzanne. — Je lui porte mes consolations. — Très-bien ! vous lui faites votre cour. — Fi donc ! la femme d'un ami ; pour qui me prenez-vous ?... — Non, pas un affreux sacripant sans foi ni loi. Au surplus, Edouard n'aura que ce qu'il mérite, car enfin on n'abandonne pas ainsi, le jour même de ses noces, une jeune et jolie femme qui s'est perdue par amour pour vous. — Ce raisonnement est des plus logiques ; mais la petite en tient en diable pour son ingrat époux. — C'est à vous, à votre éloquence à le détrôner dans son cœur. — Seriez-vous, par hasard, désireuse que j'opérasse cette métamorphose ? — Cela m'amuserait, je vous porte ce défi, fit Suzanne en riant. — Je comprends : le démon veut la chute de l'ange, fit le jeune homme. — Non, pas cela positivement ; mais l'opinion s'acharne après nous autres, pécheresses aimables, d'une façon tellement impitoyable, que je ne serais pas fâchée de prouver à ce monde imbécile que l'éducation et la fortune chez la femme ne sont pas toujours un sûr garant contre les faiblesses du cœur. — Dites donc vite, et sans plus de périphrases, chère amie, que vous autres, mondaines adorables, vous aimez à faire des prosélytes par amour pour l'égalité. — Dame ! quelque chose comme cela, fit en souriant Suzanne pour reprendre en ces termes : Çà, voyons, soyons francs, à quel degré, amoroso, en êtes-vous avec cette petite gaillarde qui, avec son air sainte-nitouche, a su si adroitement enlever d'assaut et s'approprier l'amant de sa langoureuse sœur ? — Je suis reçu depuis huit jours, chez madame Destigny, en qualité d'ami intime de son mari. Cette dame prend me voir avec plaisir et me confier ses petits chagrins, auxquels je m'efforce d'appliquer un baume consolateur : celui de l'espérance. — Pauvre chéri ! et tout cela par amour pour le prochain, sans arrière-pensée ! Fourbe ! archifourbe ! s'écria Suzanne.

Puis, reprenant :

— De Couvray, vous ne me traitez pas en amie. Vous dissimulez avec moi, qui déteste les demi-confidences. Avouez donc que vous êtes amoureux de cette femme, et qu'elle est devenue votre maîtresse. — Amoureux, c'est possible ; mais ma maîtresse, non ! — Elle le sera, dit Suzanne. — Je l'espère. — Dussiez-vous employer ces grands moyens qui vous sont familiers, desquels vous m'avez fait ressentir l'infaillibilité, n'est-ce pas ? — Dame ! fit Adolphe avec suffisance, si la résistance devenait par trop sérieuse, il serait de mon intérêt de brusquer l'indécision. — Allons donc ! votre connaissance date à peine de huit jours ; il faut au moins laisser aux gens le temps de vous connaître avant de trop exiger.

Et, au retour d'une longue promenade, voyant sa calèche s'arrêter devant la porte de son petit hôtel de la rue de Londres, nouvelle et riche demeure qu'elle habitait depuis le jour de sa séparation avec son mari, Suzanne reprit ainsi :

— Où demeurez-vous maintenant, de Couvray ? — Rue Neuve-des-Mathurins, 33, où je vous recevrais avec bonheur et reconnaissance, si votre gracieuseté daignait venir un jour égayer ma solitude. — N'espérez pas, mon cher. Je me range, je suis fidèle maintenant. Oui, j'ai renoncé aux amours. — C'est grand, c'est noble ; mais si jamais il vous prenait caprice de déroger à cette belle résolution, faites,

Suzanne, que ce soit en ma faveur. — Je ne peux rien promettre... Adieu, mon bon : bonne chance dans vos amours vertueux, termina Suzanne en adressant au jeune homme un gracieux geste d'adieu, après qu'il fut descendu de la calèche, laquelle, peu d'instants après, entra bruyamment dans la cour de l'hôtel pour aller s'arrêter devant un élégant perron. — Est-ce que le comte Casimir n'est pas encore de retour ? s'informa Suzanne, qui n'avait pas vu son amant depuis la veille. — Non, madame, répondit la femme de chambre ; mais un valet vient d'apporter pour vous une lettre, que je crois de M. le comte. — Donnez-la vite ! fit Suzanne tout en se débarrassant vivement de son châle et de son chapeau, pour ensuite se jeter sur un des sièges de son boudoir, prendre la lettre des mains de la chambrière, en briser impatiemment le cachet, et lire les phrases suivantes :

« Chère toute belle, un ordre de mon gracieux souverain, qui désire m'avoir auprès de sa personne, me rappelle aussitôt à Vienne, sans m'accorder même le temps de vous faire mes touchants adieux.

» Si quelque chose, cependant, peut rendre à mon cœur cette séparation moins douloureuse, c'est de savoir que, grâce aux cent cinquante mille francs provenant de la générosité de votre mari, que vous m'avez confiés pour les placer sûrement, ont servi à acquitter toutes les folles dépenses que nous avons faites ensemble, et que je vous laisse sans dettes aucunes, ce qui est noble et grand de ma part. Seulement, comme il me faut de l'argent pour entreprendre le voyage que je vais faire, et paraître avec décence à la cour de mon maître, je vous emprunte les derniers mille francs que nous avons économisés, somme que je prends l'engagement d'honneur de vous restituer, capital et intérêts, le jour où, grâce à la munificence de mon généreux souverain, j'aurai acquis une fortune après laquelle je cours en vain depuis longtemps.

» Maintenant, je crois ne pouvoir mieux terminer cette lettre qu'en vous donnant un conseil honnête et moral, celui d'aller demander à votre bénin mari le pardon de votre escapade, et s'il vous l'accorde, comme je n'en doute pas, de rentrer avec lui pour y mener désormais la conduite d'une épouse vertueuse et repentante. Hélas ! le désespoir m'accable, le courage me manque dans ce cruel adieu ; je ne me sens plus que tout juste celui de vous prévenir que, lorsque vous recevrez cette lettre, quarante mortelles lieues nous auront déjà séparés l'un de l'autre, et de vous crier : Adieu, ma Suzanne ! adieu, mes amours !

» Ton amant pour la vie,
» *Signé* : CASIMIR, comte DE FLOUENBACH. »

Tout en lisant, Suzanne, à plusieurs reprises, avait bondi sur son siège de surprise et de rage. Elle ne peut en croire ses yeux, elle lit et relit la fatale lettre ; puis, hors d'elle, elle sonne ses gens, demande sa voiture, s'y jette après avoir donné l'ordre de la conduire à l'hôtel du comte Casimir où elle arrive, où se confirme son malheur, où elle apprend que le prétendu comte Casimir de Flouenbach n'est autre qu'un adroit filou dont elle a été la dupe, qui a quitté furtivement, la nuit précédente, l'hôtel meublé qu'il avait loué pour un an, après avoir dupé une foule de fournisseurs qui, amorcés par son grand nom, son beau langage et quelques à-comptes d'argent, n'avaient point hésité à lui livrer des marchandises pour une somme considérable.

— Volée ! ruinée par ce petit misérable ! moi ! moi ! Ah ! c'est honteux ! c'est affreux ! murmurait Suzanne remontée en voiture, et en versant des larmes de douleur et de dépit.

XXIX. — Où SUZANNE FAIT DES SIENNES.

— Non, madame, je ne puis renfermer plus longtemps dans mon cœur le tendre sentiment qui le brûle et l'agite ; ce sentiment plus fort que ma raison et qu'ont fait naître en moi vos douces vertus, vos charmes irrésistibles et dangereux... Oui, belle Stéphanie, je vous aime, je vous adore et meurs si vous ne prenez pitié de mon amour, de mon martyre !

Ainsi disait, un soir, Adolphe de Couvray, du ton le plus passionné, agenouillé aux pieds de la jeune femme dont il pressait tendrement les mains dans les siennes qu'agitait un tremblement nerveux.

— Cessez ce langage, mon ami, que mon devoir d'épouse et de mère, bientôt, ne me permet pas d'entendre : en trahissant le titre d'ami de mon mari, la franche confiance que j'ai placée en vous, ne me faites pas repentir de vous avoir admis chez moi... Songez, monsieur de Couvray, ajouta Stéphanie, que j'ai une grande faute à réparer si je veux conquérir l'estime et l'amour de M. Destigny, me faire pardonner d'avoir trahi, tué au monde, la meilleure des sœurs. C'est par une conduite irréprochable, le respect de mes devoirs, que je puis atteindre ce but ; ne cherchez donc pas à m'en détourner, et qu'il vous suffise de savoir qu'après mon mari vous êtes l'homme que j'estime le plus, auquel j'ai voué une franche et bonne amitié. — L'estime, l'amitié ! qu'est-ce que ces froids sentiments en comparaison de celui qui me consume ? reprit Adolphe du ton du désespoir et du découragement. — Silence ! pas un mot de plus sur un coupable sentiment dont vous devriez rougir, monsieur. Redevenez l'ami bon et sincère de la femme que vous devez respecter et protéger même en l'absence de son mari, et tout cela, sous peine d'une rupture éternelle, de ne plus nous revoir jamais. — Hélas ! qu'exigez-vous ?.. — Silence ! silence ! je ne veux plus rien entendre, s'écria Stéphanie avec humeur. Oui, c'est mal à vous de me faire ainsi de la peine, à moi, qui croyais votre amitié franche et sans détour, ajouta la jeune femme en essuyant ses yeux que mouillaient les larmes du dépit. — Je me tairai, madame, et souffrirai désormais sans me plaindre. Séchez donc, de grâce, ces larmes qu'a fait couler un aveu téméraire, et ne voyez plus en moi qu'un ami docile et repentant, fit Adolphe avec hypocrisie et en s'inclinant de nouveau aux genoux de Stéphanie. — A la bonne heure ! voilà comme je vous veux, bon ami, et sans détours... Relevez-vous, monsieur, je vous pardonne ; je consens même à oublier, même à la condition que vous ne me direz plus un mot de ce coupable amour, de ce coupable sentiment qui me contraindrait à me priver pour toujours de votre présence, fit la jeune femme en accompagnant ces mots d'un petit ton qu'elle s'efforçait de rendre sévère.

Adolphe, afin de rentrer en grâce, promit des lèvres tout ce qu'on voulut, et par ce moyen se fit tout pardonner.

Après une longue séance où il ne fut plus question d'amour, mais d'un voyage à Évry, où Stéphanie avait l'intention d'aller passer quelques jours, Adolphe, ayant obtenu la permission de continuer, dans cette demeure champêtre, les visites qu'il faisait à Paris, prit congé de madame Destigny ; et remonté dans son char léger le dirigea vers sa demeure.

Il y avait à peine une heure que notre jeune séducteur était de retour chez lui, lorsque son valet vint, à sa grande surprise, lui annoncer la visite de madame Suzanne Grivois.

— Faites entrer, dit vivement de Couvray surpris.

Et Suzanne apparut aussitôt, coquette et souriante, pour, d'un petit ton délibéré, presser amicalement la main du jeune homme qui était venu à sa rencontre.

— Quel fortuné hasard me procure votre bonne présence chez moi, ma toute adorable ? s'informait de Couvray tout en entraînant la visiteuse sur un tête-à-tête, et s'asseyant à ses côtés. — Le caprice, mon ami ; lorsqu'on a aimé un aimable mauvais sujet de votre espèce, il est bien difficile de l'oublier entièrement, de ne pas ressentir malgré soi, et de temps à autre, un tendre retour en sa faveur. — Un pareil aveu, chose adorable, ma chérie, répondit Adolphe tout en pressant amoureusement Suzanne dans ses bras, pour lui appliquer un tendre baiser qu'elle laissa prendre sur ses blanches épaules. Ah ça ! mais je ne reviens pas de ce revirement de caprice, ma toute belle, et vous me permettrez de vous dire, que, d'après la rigueur dont vous m'accablâtes, il y a de ça quatre jours, lors de notre rencontre aux Champs-Élysées, j'étais à cent lieues de m'attendre à tant d'humanité de votre part. — Hélas ! ma réponse est toute simple, et la voilà : Mon petit Casimir m'ennuie ; je le prends en grippe, et je me sens en humeur de vous préférer à lui... Que pensez-vous de cela, Adolphe ? sans doute que le cœur d'une femme est une girouette que le caprice et l'inconstance font tourner à tous vents... Que voulez-vous, le mien est ainsi fait, et pourtant, cette fois, je le crois très-disposé à se fixer pour de bon en votre faveur ? L'imprudent !

— Eh ! mais, il n'a peut-être pas tout à fait tort ; seulement, avant de correspondre de nouveau avec le mien qui, fort accommodant, ne demande pas mieux que de répondre à ces avances, mon cœur demande quelques jours de vacance afin d'en finir promptement avec certaine passion, ou caprice si mieux vous préférez, qui tient fort à contenter. — Je comprends ! mais le mien ne peut accepter un pareil arrangement, car il est fier et tant soit peu jaloux, répliqua

Suzanne avec dépit. — Cependant, il faut qu'il en soit ainsi, ne pouvant en être pour mes frais de galanterie et sous peine de passer pour un vaurien ou un sot. — Ah ! ah ! l'on vous résiste à ce qu'il paraît ? fit Suzanne. — Quelque peu ; aussi, suis-je décidé à user des moyens que vous-même me conseillâtes dernièrement. — Quoi ! la ruse, la violence, envers un enfant ! fi !... Tenez, Adolphe, j'ai eu tort de vous donner de semblables conseils ; soyez bon ami envers Édouard, respectez sa femme ; enfin, laissons en repos les innocents pour cimenter entre nous deux une bonne et franche alliance. — Voilà mon dernier mot : occupez-vous de rompre avec le petit Casimir, tandis que de mon côté je terminerai avec la petite, car une fois ce caprice passé, je m'engage à être à vous de corps et d'âme. — Quoi ! toujours le même but ? fit Suzanne avec impatience. — Que voulez-vous, ma chère, je suis friand de joli diable de ce joli morceau, et je tiens à en tâter quelque peu. — Et moi, je m'y oppose. — De quel droit cette opposition, ma toute belle ? — Vous osez le demander d'après la démarche que je fais aujourd'hui ? Depuis quand une femme qui aime accepte-t-elle une rivale ? — C'est juste ; quand elle aime, la chose est impossible ; mais ce sentiment, ma chère, fut toujours étranger à votre cœur de marbre ; et si vous me permettez de vous parler avec franchise, je vous dirai, Suzanne, qu'il me retour vers moi ne me semble pas naturel, que votre beau semblant d'amour pour ma personne cache un piège que je ne puis encore comprendre, mais que je devinerai tôt ou tard ; et c'est alors qu'il me sera permis de régler, sur la vôtre, ma conduite à votre égard. — Ah ! vous devenez soupçonneux ; et selon vous, une pauvre femme ne peut se repentir d'avoir été légère, injuste même, sans que vous la taxiez d'hypocrisie... Cela n'est guère généreux de votre part et peu flatteur pour ma personne, convenez-en, dit Suzanne avec dépit. — Allons, ne nous fâchons pas. Je suis peut-être injuste en doutant du bonheur que le ciel m'envoie, fit de Couvray en enlaçant de ses bras la taille svelte et gracieuse de la jeune femme qui se prêta de fort bonne grâce à ses caresses.

— Ainsi donc plus de Stéphanie, reprit Suzanne après un moment de silence, qui avait été on ne peut mieux employé. — Quoi, tyran ! tu ne me permets pas même ce caprice qui me tient tant à cœur, après lequel je jure d'être l'amant le plus fidèle à tes charmes ? — Non, plus de caprices pour autres que pour moi ; c'est à ces conditions que je promets amour et constance. — Va donc ! puisque tel est le prix des félicités que tu me promets, termina Adolphe pour ensuite sceller cette promesse d'un nouveau baiser.

Oh ! les hommes, qu'ils sont sots et crédules, se disait Suzanne avec satisfaction après avoir quitté de Couvray, et tout en regagnant la nouvelle et modeste demeure que lui imposait le gain dans laquelle l'avait plongée la perfide Casimir, en lui emportant l'argent qu'elle avait été assez maladroite pour lui confier. Oui, à moi encore ta nouvelle fortune, et avec elle les plaisirs, le luxe, l'amour, la liberté, ajouta notre belle et cupide courtisane qui, ce jour cependant, comptait sans son hôte.

— A trompeur, trompeur et demi, belle Suzanne, disait de Couvray de son côté. Ah ! vous croyez qu'en échange de vos caresses mensongères, je renoncerais bénévolement à la femme dont j'espère conquérir les douces faveurs ? Non, ma mie, non ! il n'en sera pas ainsi. A moi votre possession, j'y consens, mais à moi encore celle de la belle et séduisante Stéphanie.

En se parlant ainsi, Adolphe se dirigeait vers l'hôtel de Destigny dans l'intention de passer le restant de cette journée auprès de Stéphanie ; malheureusement il ne trouva pas la jeune femme qui était allée à Livry visiter sa sœur et ses amis.

Déconcerté par cette absence inattendue, de Couvray réfléchit un instant à quoi il pourrait consacrer un temps qu'il comptait passer auprès de Stéphanie en dangereuses et séduisantes paroles.

— Parbleu ! allons à la découverte, tâchons de découvrir le curieux mystère qui me vaut un tendre retour de la part de la plus insensible des femmes passées, présentes et futures, se dit le jeune homme qui, sur ce, s'en fut droit vers la rue de Londres frapper à la porte du petit hôtel qu'occupaient Suzanne et son Casimir.

— Que demande monsieur ? s'informa le concierge. — Madame Grivois de Saint-Amour. — Elle ne demeure plus ici. — Ah ! Et depuis quand ? — Cela ne vous regarde pas. — Vous êtes un insolent... Prenez cela et répondez, reprit Adolphe en présentant une pièce d'or de dix francs au cerbère qui, à la vue du métal, se mit à loucher d'une façon toute gracieuse.

— Depuis quand la Saint-Amour ne demeure-t-elle plus ici ! reprit le jeune homme d'un ton impératif. — Depuis que M. Casimir, son petit amoureux, a eu l'indélicatesse de lui brûler la politesse en lui emportant tout son argent, bassesse de sa part, mon cher monsieur, qui est cause que les gredins d'huissiers ont eu la scélératesse de faire vendre les meubles de cette pauvre madame Grivois, une créature généreuse comme l'or, qui, en ce moment, est peut-être réduite à vivre dans une mansarde après avoir habité cet hôtel et roulé voiture, termina le vieux portier avec attendrissement. — Connaissez-vous la nouvelle demeure de cette dame ? — Quelque peu ; mais il m'est défendu de l'indiquer, et mon devoir d'incorruptible avant tout, répliqua le cerbère avec orgueil. — Sa demeure ? vous dis-je ! fit de Couvray tout en présentant une seconde pièce d'or, argument irrésistible devant lequel capitula la conscience du concierge.

Bien renseigné, de Couvray s'éloigne en souriant, car il sait maintenant à quoi s'en tenir concernant le tendre retour de Suzanne envers sa personne.

C'est rue de la Michodière qu'il se rend, dans un hôtel garni qu'il pénètre, où, sur sa demande, on lui enseigne la chambre n° 11, située au quatrième étage, et sur la porte de laquelle il s'empressa d'aller frapper du doigt d'une manière discrète.

— Entrez ! répondit-on.

Adolphe tourne la clef, ouvre, et se trouve en présence de Suzanne qui, à sa vue, recule de surprise et rougit de dépit.

— Quoi ! vous ici ! Qui vous a indiqué ma nouvelle demeure, mon cher Adolphe ? s'informa Suzanne venant au-devant du visiteur, et en s'efforçant de faire bonne contenance. — Celui qui vous guida ce matin vers la mienne, l'amour, enfin ! — Dites mieux, mon bon, que la jalousie vous a conseillé de suivre mes pas. — Non, vous n'y êtes pas, d'honneur... Çà, dites-moi, ma toute-belle, comment se fait-il que vous habitiez aujourd'hui cet affreux pigeonnier, vous, une femme comme il faut, propriétaire d'une somme de près de deux cent mille francs, et de plus la maîtresse d'un riche fils de famille ? demandait Adolphe d'un accent railleur, le binocle sur l'œil et en promenant autour de la chambre un regard inquisiteur.

— De Couvray, votre présence inattendue ici me prouve assez que vous en savez autant que moi, et que répondre à votre question serait du temps perdu... Oui, vous savez tout ; qui vous a instruit ? je l'ignore ; le principal est que nous sommes réconciliés, et que votre amitié m'aidera à me tirer de l'affreuse débine où m'a plongé ce petit gredin de Casimir. N'est-ce pas, Adolphe ? acheva Suzanne en passant câlinement son bras autour du cou du jeune homme.

— Eh bien ! non, ma toute belle, vrai ! je ne me sens nulle disposition de me ruiner de nouveau en faveur d'une femme, fût-elle la huitième merveille du globe. Oh ! je connais trop jusqu'où va la reconnaissance de ce sexe charmant, lorsque ses fantaisies coquettes nous ont débarrassés de notre argent.

— Que signifie ce langage ? pensez-vous donc parler à une grisette ?... Mais regardez-moi donc, de Couvray... Ne suis-je donc plus ni jeune, ni belle, ni assez spirituelle pour faire tourner la tête à plus d'un jeune homme riche et galant ? Croyez-vous encore, mon cher, que je vous demande aumône et pitié ? Non pas ! Suzanne, ruinée aujourd'hui, sera riche demain, s'il lui plaît de le devenir, et cette transition sera de sa part le simple fait d'un regard lancé de ses yeux, ou celui d'un sourire échappé de ses lèvres. Or, mon très-cher, apprenez que la préférence qu'elle daignait vous accorder n'était autre que pure bonté ou faiblesse de sa part. Vous faites le dédaigneux, vous tranchez de l'important, cela me déplaît ; et ce qui me déplaît, je le brise ou je le chasse ! A bon entendeur, salut ! termina la jeune femme en faisant une pirouette pour aller se placer devant une glace afin d'y arranger les boucles de ses beaux cheveux d'ébène, tout en fredonnant une joyeuse polka.

— J'aime cette noble fierté qui annoblit le malheur, fit Adolphe d'un ton tragique ; mais, ajouta-t-il, ce qu'un homme prudent et généreux refuse à l'artifice, son cœur l'accorde en faveur de la sainte amitié ; et tout en disant, Adolphe déposait sa bourse sur un meuble près duquel il était placé.

— Mon cher, reprenez cet argent, si mieux vous ne préférez que j'en gratifie le premier joueur d'orgue qui s'arrêtera sous mes fenêtres, dit Suzanne. — Quoi ! vous refusez ce service amical ? — Certes, si le cœur ne l'accompagne, — Je préférerais le mettre dans les griffes d'un chat ; or, impossible, ma chère ; d'ailleurs, vous savez qu'en ce moment mon cœur ne m'appartient pas. — En effet, je l'avais presque oublié : monsieur en a disposé en faveur de la femme de l'un de ses amis. — Assez sur ce chapitre ; et pour en terminer à l'amiable, je vous offre deux choses : d'user discrètement de ma bourse et d'employer tout mon crédit afin de vous réconcilier, s'il est possible, avec votre mari, ce qui est le parti le plus raisonnable que vous ayez à prendre... Qu'en dites-vous ?... — Que ce soir je vais à l'Opéra avec un riche Américain, répondit Suzanne d'un ton insouciant et léger. — Bonne chance, je vous souhaite, belle Armide, répliqua Adolphe, pour aussitôt s'éloigner sans reprendre sa bourse, laquelle, lancée par une main qu'agitait la colère, vint lourdement tomber à ses pieds, à peine avait-il descendu un étage.

— Ah ! ah ! de la fierté, du dépit... M'aimerait-elle plus que je ne le pense ?... Allons donc ! quelle idée ! Est-ce que ces sortes de femmes ont du cœur ?

Ayant dit, de Couvray ramassa la bourse et continua de descendre.

XXX. — UNE VISITE INATTENDUE.

— Une jeune dame, qui refuse de dire son nom, demande à vous parler, disait une femme de chambre à Stéphanie. — N'importe, faites entrer, Henriette, répondit la jeune femme en mettant de côté une lettre qu'elle venait de recevoir.

Un instant d'attente, et Stéphanie reconnaissait Suzanne dans la visiteuse qu'introduisait la chambrière. — Vous, madame ! fit l'épouse de Destigny avec surprise et tout en se levant. — Moi-même, ma chère petite. Oh ! je comprends que ma visite vous surprenne ; vous ne m'attendiez pas, j'en suis bien sûre, répondait Suzanne d'un ton délibéré en se plaçant, sans nulle façon, sur le siège le plus rapproché de celui qu'occupait Stéphanie. — En effet, madame ; mais daignez m'apprendre... — Ce ne sera pas long : écoutez-moi... Votre mari est l'un de mes plus anciens et meilleurs amis, mais seulement ami en tout bien et tout honneur. — Je vous crois, madame, fit froidement Stéphanie. — Et c'est à ce titre que je viens à vous dans son intérêt comme dans le vôtre, ma chère. — Expliquez-vous, madame. — Non, je ne veux pas que ce cher Destigny soit cocufié par un paltoquet que je viens démasquer à vos yeux. — En vérité, madame, je ne puis vous comprendre, dit Stéphanie honteuse et inquiète. — Je m'explique... Adolphe de Couvray vous fait la cour ; il se flatte d'être bien avec vous ; mais comme vous faites quelques façons pour devenir tout à fait sa maîtresse, mon sournois ne complote rien moins que de profiter de la première occasion favorable pour obtenir par la violence ce que vous refusez à son amour. — Quelle audace ! s'écria Stéphanie indignée. — C'est comme cela ; vous êtes prévenue, tenez-vous sur vos gardes, ou gare la culbute ! c'est moi qui vous le dis, car vous avez affaire à un gredin aussi malin qu'entreprenant, qui, après avoir fait patte de velours pour vous entortiller, vous fera sentir sa griffe au premier moment. — J'ai pu, madame, me laisser abuser par des dehors honnêtes et amicaux ; mais croyez bien que, le jour où M. de Couvray aurait pu s'oublier au point d'insulter à ma dignité de femme et d'épouse, il m'eût suffi d'un mot pour le rappeler au respect et le chasser de chez moi, répondit Stéphanie avec froideur et dignité. — D'accord, tout cela est fort beau ; mais croyez-vous qu'il soit homme à s'intimider, à lâcher prise devant de belles phrases ? Le plus souvent !... Le meilleur moyen d'éviter un danger, c'est de le fuir ; or, flanquez-moi ce beau muguet à la porte, si vous ne voulez qu'il arrive malheur autant à votre personne qu'à votre réputation. — Merci, madame, de ce sage avertissement. En effet, si une femme honnête peut défendre son cœur contre la séduction, rien ne peut la garantir contre l'audace et la violence. Je puis donc vous assurer que, désormais, M. de Couvray ne rentrera plus dans cette maison, du moins tant que durera l'absence de M. Destigny, à qui je dois compte de mes actions et de ma réputation. — Bien dit, ma chère petite ; à présent, donnez-moi, en passant, des nouvelles de ma petite sœur Benjamine, que je n'ai pas vue depuis un siècle. — Benjamine se porte bien ; elle est heureuse, et remercie le ciel qui lui a donné le meilleur des maris. —

Hélas! et moi aussi j'avais mis la main sur la crème des hommes, et cependant... Bah! il n'y faut plus penser : ce qui est fait est fait. Maintenant que je vous ai prévenue, tenez-vous sur vos gardes, car s'il vous arrivait malheur, c'est vous qui l'auriez voulu... Adieu, ma chère, je vous quitte, un monsieur très-riche devant venir me prendre à cinq heures pour me mener dîner à la Maison-Dorée, de là à Mabille, et j'ai ma toilette à faire. Bonjour à Benjamine de ma part... A propos! si vous voyez mon mari, dites-lui donc que, s'il veut se réconcilier, je suis toute disposée à rentrer avec lui, moyennant quelques concessions anodines que j'exigerais de sa part. Adieu, ma toute belle, adieu.

Et Suzanne se retira tout en fredonnant l'air de sa polka favorite.

— Pauvre femme! pauvre folle! soupira tristement Stéphanie en rentrant dans sa chambre, après avoir reconduit la visiteuse jusqu'à la porte de l'appartement.

Alors elle se jeta sur un siège, et donna cours à ses pensées.

— Oui, elle a raison cette femme; je ne dois plus recevoir cet homme que j'aurais dû chasser le jour même où il m'avoua son coupable amour... Mon Dieu! eût-il jamais osé insulter à ce point une femme sans reproche et digne de son respect; mais il connaissait mon crime; à ses yeux, je ne suis que la coupable Stéphanie, la fille sans pudeur que l'homme à qui elle s'est prostituée n'a épousée que par pitié; je suis celle qui a porté le désespoir et la honte dans sa famille, un objet de mépris enfin! et cet homme se croyait tout permis!... Hélas! qui me rendra donc le repos et l'estime du monde?

En achevant cette pensée, Stéphanie laissa couler ses larmes; puis, s'étant agenouillée, elle pria Dieu avec ferveur.

— Monsieur de Couvray demande si Madame consent à le recevoir? s'en vint dire la femme de chambre.— Non! je n'y suis pas, répondit vivement Stéphanie.—Mais, Madame, j'ai dit le contraire. — Eh bien! dites que je suis malade, que je ne reçois pas. — Oui, Madame.

Une heure plus tard, Stéphanie donnait l'ordre à ses gens de tout disposer pour son départ.

C'était à Evry qu'elle voulait courir s'enfermer, qu'elle espérait échapper aux poursuites importunes d'Adolphe de Couvray.

XXXI. — Pauvre femme!

« Ma chère Stéphanie!

» C'est de Florence où je me trouve, en ce moment, retenu par une légère indisposition, que je vous écris. J'espère
» rentrer sous peu de jours en France, et venir solliciter de
» votre générosité le pardon d'une absence que m'imposait
» l'état douloureux où se trouvait réduit mon cœur lors de
» notre séparation. C'est qu'il était utile que chacun de
» nous se tînt quelque temps à l'écart, afin d'éviter que son
» propre chagrin ne redoublât la souffrance de l'autre. Je me
» suis efforcé d'oublier; j'ai prié le ciel de m'aider dans
» cette tâche difficile, et il a eu pitié de moi. Aujourd'hui,
» que mes chagrins se sont affaiblis, un nouveau besoin
» leur succède, celui de réparer mes torts en venant rem-
» plir auprès de vous mes devoirs d'époux et de père. Oui,
» calmez vos craintes, Stéphanie, car sans se détacher entiè-
» rement du souvenir de celle qu'il aima, mon cœur qui ne
» lui réserve plus qu'une sincère et franche amitié, vous
» promet désormais amour et constance, un avenir paisi-
» ble, un ménage heureux enfin, toute une nouvelle vie de
» famille. C'est donc à notre villa d'Evry que je vous prie
» d'aller m'attendre, où il me sera doux de vous retrouver,
» de vous presser sur mon cœur, de vous dire : Stéphanie,
» oublions un funeste passé, et soyons heureux époux. »

Ainsi était conçue la lettre que Stéphanie avait reçue le troisième jour après son installation à Evry, douce missive qui remplissait son cœur de joie, d'espérance, et qu'elle avait relue vingt fois en la couvrant de larmes et de baisers. C'est que Stéphanie avait en quelques mois vieilli de plusieurs années. Sa brusque initiation au plus intime et au plus triste secret de la vie avait mis fin à cette prolongation d'enfance qui contrastait en elle d'une manière si bizarre avec le développement le plus parfait de la beauté féminine. D'étourdie qu'elle était, le repentir, le chagrin en avaient fait une femme réfléchie et sérieuse; sa vivacité, modérée et contenue, s'était changée en grâce. Cette transformation de l'être moral, accomplie par degrés, à mesure qu'un travail d'une nature non moins mystérieuse avait eu lieu dans l'être physique; l'âme, chez la jeune femme, s'était préparée comme le corps, pour le grand but de la maternité. Enfin son amour pour Edouard mieux senti et devenu plus sincère avec le temps et la raison, s'était épuré jusqu'au dévouement.

— Il m'aime, il revient! ô mon Dieu, merci! merci! s'écriait la jeune femme avec l'accent de la joie, de la reconnaissance, en levant les mains jointes vers le ciel.

Mais tandis que Stéphanie se livrait ainsi au bonheur, à l'espérance, enfermée et solitaire dans la chambre qu'elle avait choisie pour retraite comme étant la plus éloignée de ses gens et du bruit, quel événement fâcheux pour elle se préparait au dehors!

Sachons-le : sur la lisière d'un petit bois, situé à quelques centaines de pas de la villa champêtre, un jeune homme élégant se promenait depuis plus de deux heures, tantôt en fredonnant un refrain joyeux, tantôt en manifestant la plus vive impatience. Son regard, à force de se fixer au loin dans la direction de la villa, aperçut une jeune et leste fillette qui se dirigeait de son côté tout en courant.

— Enfin la voilà donc! fit notre homme en venant au-devant de ladite fillette. — Je vous ai fait attendre, Monsieur de Couvray? — Deux heures à peu près, demoiselle Henriette. Est-ce ainsi que vous en agissez avec votre amoureux, gentille camériste? répliqua Adolphe en prenant amicalement le menton de la femme de chambre. — Entrons dans le bois : on pourrait de la maison nous apercevoir ensemble, cela donnerait des soupçons.

De Couvray, approuvant le conseil, entraîna la jeune servante dans un petit sentier couvert où il débuta par lui prendre un baiser.

— Voyons, soyez sage, ce n'est pas pour mon compte que nous sommes ensemble ici, puisqu'il s'agit de ma maîtresse!... Ça répétez-moi ce que vous exigez de moi, et surtout le chiffre auquel s'élèvera votre généreuse reconnaissance si je consens à trahir en votre faveur la confiance de madame Destigny? Voyons, ne pressez pas ainsi ma taille, et parlez, monsieur l'amoureux des onze mille vierges. — Henriette, mille francs pour toi, si, ce soir, tu m'introduis secrètement dans la chambre à coucher de ta jeune maîtresse.— Hum, la récompense m'est séduisante, mais le cas est des plus graves. Réfléchissez que l'état avancé de grossesse dans lequel se trouve madame Destigny exige des ménagements, qu'une peur, comme celle que vous lui ménagez, peut causer un très-grand malheur qui me resterait sur la conscience.— Henriette! il ne peut, ma chère, rien arriver de fâcheux : ce que je veux, de ta maîtresse, est un amical et secret entretien qu'elle me refuse par caprice; c'est apprendre, enfin, de sa bouche même, d'où naît la froideur qu'elle me témoigne depuis quelque temps, pourquoi elle me prouve inhumainement de sa délicieuse présence, moi, qui n'ai rien fait pour mériter cet excès de rigueur. — Tout cela est fort innocent, j'en conviens; mais il n'est pas moins vrai que votre présence inattendue dans sa chambre, à pareille heure, effrayera fort ma maîtresse, et que cette frayeur peut être funeste à sa santé. — Erreur, ma chère; au surplus, je me charge de la rassurer promptement. Or, plus d'hésitation; silence à tous ces si et ces mais; puis, pour arrhes du marché, accepte, ma chère petite, en attendant la récompense promise, cette jolie bague, ancien gage d'amour d'une femme qui m'adorait.

En disant ainsi, Adolphe passait au doigt de la chambrière ladite bague, qui n'était autre qu'un petit camée sur un cercle d'or.

— Vous avez à votre service des arguments tellement irrésistibles, qu'un saint se laisserait tenter par vous... Venez donc ce soir, sur le coup de neuf heures, m'attendre à la petite porte verte du jardin, et, surtout, soyez aussi silencieux que prudent. — Je n'y manquerai pas.... Mais sais-tu, gentille Henriette, que tu t'exprimes à ravir, pour une femme de chambre, ajouta de Couvray en souriant et tout en attirant à lui la jeune fille pour l'entourer de ses bras, la presser amoureusement sur son sein. — Hélas! c'est que je n'étais pas née pour la servitude; mais des malheurs de famille... Je comprends, la nécessité... Pauvre petite!... Eh bien! si tu y consens, je me chargerai de réparer à ton égard les torts de la fortune. Tu es jolie, gracieuse, et je me sens tout disposé en ta faveur... Qu'en dis-tu?... — Nous causerons de cela lorsque vous aurez repris votre cœur à ma maîtresse. — Ta maîtresse! mais je n'en suis nullement amoureux. — Alors, que lui voulez-vous donc?

— La satisfaction de mon amour-propre qu'à froissé son

indifférence; enfin, gagner un pari et satisfaire un caprice. Y es-tu?... Ainsi donc, à ce soir. — Oui, à ce soir, monsieur le coureur.

Et comme Adolphe, à qui le gentil minois de la chambrière avait monté la tête, devenait de plus en plus entreprenant, cette dernière s'échappa brusquement de ses bras pour s'enfuir à toutes jambes.

Comme il ne s'est rien passé, dans le cours de cette même journée, qui mérite la peine d'être raconté, atteignons vite l'heure où va se dérouler un drame aussi triste que funeste.

Les horloges se renvoyaient de l'une à l'autre la neuvième heure du soir; la nuit était noire, calme et paisible, autant à la villa d'Evry que dans la campagne. Stéphanie, enfermée dans son boudoir, cachetait une lettre qu'elle venait d'écrire à ses amis de Livry, lettre dans laquelle elle leur faisait part des heureuses nouvelles qu'elle avait reçues de son mari et de son prochain retour; puis, de tout le bonheur que lui donnaient à son pauvre cœur, si triste depuis longtemps, les paroles amicales et consolantes que lui avait tracées la main d'un époux qu'elle craignait de ne plus revoir.

Cet ouvrage terminé et se sentant fatiguée, et espérant qu'un peu de bonheur lui procurerait une bonne nuit, Stéphanie sonna Henriette, et passa dans sa chambre à coucher où elle s'empressa de se faire déshabiller.

— Qu'avez-vous donc ce soir, Henriette? vous ne dites rien, vous semblez triste, inquiète, et vos mains tremblent comme si la peur les agitait, disait Stéphanie à la chambrière occupée après elle. — Une légère indisposition, une violente migraine : voilà tout, madame. — Eh bien! allumez vite ma veilleuse de nuit, et allez vous reposer, ma chère petite. — Madame est bien bonne, et je l'en remercie, répliqua Henriette, qui, pressée de profiter de la permission, exécuta l'ordre qui lui était donné, et prit ensuite congé de sa maîtresse.

Stéphanie, restée seule, s'empresse de se mettre au lit, après avoir adressé une longue et fervente prière dans laquelle les mots de mère et de sœur avaient été souvent répétés.

Il y avait à peine un quart d'heure que la jeune femme s'était laissée aller à un doux et bienfaisant sommeil, lorsqu'elle fut éveillée par une main qui pressait fortement la sienne. Stéphanie ouvre les yeux, reconnaît de Couvray, et bondit de frayeur; elle veut crier, mais une main audacieuse se place sur ses lèvres et comprime sa voix.

— Pas un mot, madame; songez à votre réputation. Croyez-moi, daignez m'entendre, car vous n'avez rien à redouter de ma part.

Stéphanie, effrayée, voyant qu'elle ne pouvant appeler, saisit le cordon de la sonnette qui est suspendu dans la ruelle de son lit. Peine inutile, la sonnette reste muette, et le cordon lui tombe sur la main.

— Encore une fois, madame, n'essayez pas d'appeler, personne ne répondrait à votre voix... Consentez à m'entendre! — Sortez! éloignez-vous, monsieur, balbutia Stéphanie, qui, par un effort puisé dans le désespoir, était parvenue à écarter de ses lèvres la main qui les comprimait. — Sortir! sans que votre bouche charmante m'ait fait entendre un doux mot d'amour, non pas! car je vous aime, Stéphanie, et j'ai juré que vous seriez à moi. — Misérable! osez-vous bien me faire entendre de telles paroles! Sortez, infâme! sortez! — Quoi! un pareil courroux pour prix de tant d'amour! Mais cela est de l'ingratitude et le fait d'un cœur sans pitié... Allons, allons! ma toute belle, vous qui possédez à un si haut degré l'art sublime de la séduction, à votre tour, laissez-vous fléchir, Stéphanie, je vous adore, et vous m'appartiendrez, disait de Couvray en captivant dans ses bras le corps à demi nu de la jeune femme, en couvrant ses épaules, son sein, de bruyants et lascifs baisers, sans pitié pour les tortures qu'elle endurait, les efforts inouïs qu'elle faisait pour se défendre et échapper à ses transports frénétiques et libertins. — Il faut céder, ma chère, c'est en vain que votre voix appelle; aucun secours ne vous viendra en aide; vos gens, que j'ai gagnés, restent sourds à vos cris; ici, je suis le maître, le plus fort, amoureux comme un fou, et autant décidé à remporter une heureuse et délicieuse victoire que vous le fûtes le jour où vous prîtes de force ce cher Destigny, afin de le ravir à l'amour de votre sœur. — Monsieur, c'est au nom du ciel que je vous conjure d'avoir pitié de moi, de ne pas me rendre méprisable à mes propres yeux. Ecoutez la voix de l'honneur et de la raison, renoncez à votre affreux dessein, à violenter une pauvre et faible femme, pour qui le déshonneur que vous voulez lui imprimer serait un arrêt de mort. Pitié, monsieur, pitié pour moi et pour l'enfant que renferme mon sein!

Ainsi disait Stéphanie, pâle, tremblante, se débattant entre les bras de de Couvray qui souriait à sa douleur, et n'en continuait pas moins ses insultantes et audacieuses caresses.

C'est alors que Stéphanie, exaspérée, en voyant ses prières inutiles et dans le paroxysme du désespoir, de craintive qu'elle était devient une lionne furieuse, dont la voix pousse d'affreux cris de détresse, dont les doigts crispés s'attaquent au visage d'Adolphe et le déchirent de leurs ongles aigus. Un certain effroi s'empare alors du jeune homme, et la douleur, plus forte que la passion, le force de lâcher prise, car Stéphanie venait de le blesser grièvement à l'œil. La jeune femme, qui se sent dégagée, veut se jeter en bas du lit; mais ses pieds, qui s'embarrassent dans la couverture, lui occasionnent une chute violente sur le parquet de la chambre où, après avoir poussé un douloureux gémissement, elle reste étendue et sans mouvement.

Adolphe, effrayé, s'empresse de relever la pauvre femme et de la reposer sur le lit.

— Mon Dieu! serait-elle morte? s'écrie-t-il avec effroi en examinant ce corps immobile, ce visage plus pâle que la mort. Elle ne respire plus!... C'en est fait, j'ai tué cette femme! je suis perdu. Malheur! malheur!

La tête perdue, Adolphe s'échappe de la chambre à coucher, et va se heurter dans Henriette, qui, effrayée par les cris de Stéphanie qu'elle avait entendus de la pièce où elle couchait, venait au secours de celle qu'elle avait trahie.

— Courez d'abord près de votre maîtresse, hâtez-vous! une chute qu'elle vient de faire met ses jours en danger.

Ayant dit, de Couvray s'enfuit, gagne le jardin, en escalade les murs, et fuit à travers la campagne.

La femme de chambre, tremblante, se rend près de Stéphanie; puis, un cri d'effroi s'échappe de sa bouche en voyant sa maîtresse étendue sans mouvement et sans vie sur le lit.

Henriette, alors, s'empresse de courir éveiller les autres domestiques, et de jeter l'alarme dans toute la maison.

Toute la maison est aussitôt debout. Un instant plus tard, le médecin du village, qu'on était allé quérir, s'approchait du lit de la malheureuse Stéphanie; puis, après l'avoir examinée :

— Cette femme est morte; hâtons-nous de sauver l'enfant qu'elle porte, s'il en est temps encore, dit l'homme de l'art avec tristesse, tout en se disposant à opérer.

XXXII. — Retour.

Quinze jours après les derniers événements qu'on vient de lire, une chaise de poste entra bruyamment dans la grande cour de la villa d'Evry comme sonnait la septième heure du matin; de cette voiture, qui s'était arrêtée au pied du perron, s'élançait Destigny que les valets de la maison, accourus en foule, saluaient tous d'un air contrit et embarrassé.

— Où est madame Destigny? conduisez-moi près d'elle, dit le mari. — Hélas! monsieur, madame n'existe plus; voilà douze jours que nous l'avons enterrée, répondit un valet avec tristesse. — Morte! Stéphanie! s'écria Destigny du ton d'une douloureuse surprise. — Oui! morte la nuit, dans son lit, au moment de mettre au monde votre fils. — Et cet enfant, existe-t-il? où est-il? s'informa vivement Destigny. — Il vit. — Mais où est-il? où est-il? — A Livry, chez mademoiselle Armandine, votre belle-sœur, qui, à la nouvelle que nous lui avions fait parvenir de la mort de madame et de la naissance de votre fils, est accourue ici, accompagnée de M. et de madame Boudinot. — Armandine! Armandine, dites-vous? mais elle n'est donc plus folle? demanda vivement Edouard. — Non, Dieu merci! répondit le valet, à qui toutes ces questions étaient adressées.

Destigny, douloureusement affecté, se retira seul dans l'un des appartements, afin de se livrer sans témoin aux tristes pensées qui l'assaillaient, et de donner cours aux larmes qui le suffoquaient.

— Morte! morte de douleur et d'ennui, sans doute, en maudissant le mari qui l'abandonnait, l'homme qui ne sut pas lui pardonner la faute qu'elle avait commise par amour pour lui! Morte loin de moi sans même avoir pu embrasser son enfant... Hélas! mon Dieu, si c'est moi qui suis encore la cause de ce malheur, punissez-moi comme je le mérite, punissez-moi d'avoir porté la honte, la folie et la mort dans une sage et douce famille qui, avant de me connaître, vivait paisible et heureuse... Pauvre mère! pauvres enfants! Allons! allons! il n'est qu'un lâche l'homme qui, comme moi, a osé abuser de l'hospitalité, de la confiance d'une mère, pour assouvir d'ignobles passions, et, par son abandon, causer le désespoir, donner la mort à celle qu'il avait juré à Dieu d'aimer et de protéger. Oh oui! malheur à cet homme, malheur à moi!

En prononçant ces dernières paroles, Destigny se cacha le visage dans ses deux mains que ses larmes mouillèrent.

Une heure ainsi passée, puis Edouard, devenu plus calme et voulant se renseigner, appela l'un de ses gens pour lui ordonner de faire venir Henriette, la femme de chambre de sa défunte femme.

— Elle n'est plus ici, monsieur; la pauvre fille, pour qui la mort de sa maîtresse a été un coup affreux, la cause d'un grand chagrin, a quitté la maison après avoir assisté en larmes aux funérailles de madame.

Destigny, à défaut d'Henriette, se fit raconter par le valet, et dans ses plus grandes détails, la funeste fin de sa femme, mort mystérieuse et subite qu'on ne savait à quelle cause attribuer.

Après avoir écouté, Edouard sortit pour diriger ses pas vers le cimetière et la tombe de Stéphanie, sur laquelle il s'agenouilla, l'âme attristée, pour prier et pleurer.

Le lendemain de cette journée de larmes, de regrets et de repentir, Destigny, après avoir donné des ordres à un architecte et dépeint le tombeau dans lequel il désirait déposer les dépouilles mortelles de Stéphanie, Edouard, donc, quitta Evry pour se rendre à Paris d'abord, et de là à Livry où il brûlait du désir de voir et d'embrasser son enfant, plus encore de lui faire pardonner ses torts, sa longue absence, par les amis qu'il allait retrouver.

Laissons Edouard s'arrêter un instant à Paris, et transportons-nous pendant ce temps au modeste domicile que Narcisse occupe rue d'Antin, depuis qu'il est retombé à l'état de célibataire.

Grivois qui, depuis qu'il est réduit à n'avoir plus que sept mille cinq cents francs de rente, a cru devoir se passer de domestique et, comme autrefois, confier à son portier le soin de son ménage.

Dans la matinée de ce jour, notre homme était au lit, et sa pendule indiquait neuf heures, lorsqu'un violent coup de sonnette l'arracha subitement à la douce somnolence dans laquelle il était encore plongé, quoiqu'un radieux soleil, qui pénétrait à travers les vitres de la fenêtre, inondât son lit de ses rayons brûlants.

— Qui donc se permet de sonner de la sorte? qu'il aille au diable!

Et Narcisse, décidé à ne pas ouvrir, rabattait sa tête sur l'oreiller, lorsque la sonnette se mit de nouveau en branle, pour exécuter, cette fois, un affreux et incessant carillon.

— Voilà qui est de la plus forte indécence!... Ils vont casser ma sonnette, les misérables!

Tout en disant, Grivois, qui s'était jeté en bas du lit, passait son pantalon à la hâte.

— On y va! on y va! Bêtre! Un peu de patience donc! s'écriait notre homme en mêlant sa voix au bruyant tintement de l'affreuse sonnette.

O surprise! ô comble de l'audace et de l'impudence! Qui Narcisse aperçoit-il après avoir ouvert sa porte? Qui? sa femme lui souriant avec aplomb, qui entre, et d'un pas ferme pénètre jusqu'au fond de l'appartement où elle va se jeter sur un grand fauteuil, avant que son mari aît eu le temps de revenir de sa surprise que lui a causée son apparition inattendue.

— Qui demandez-vous? que venez-vous faire ici, et de quel droit osez-vous vous y présenter? demanda enfin Narcisse après s'être planté droit et fier devant Suzanne. — Je viens voir mon mari, lui offrir une bonne et franche réconciliation; autrement, le sommer de me faire une pension alimentaire et honorable, répliqua Suzanne avec fermeté et vivacité. — Ah! ah! une pension! et en vertu de quoi? — De femme légitime. — Est-ce que je n'ai pas été forcé de vous compter la moitié de ma fortune, que vous vous étiez appropriée par contrat? — Je ne dis pas; mais un banquier infidèle, auquel j'avais confié mes capitaux, vient de lever le pied et de tout emporter. — Mensonge que tout cela; au surplus, adressez-vous à M. Casimir, votre très-cher amant. — Monsieur, je n'ai jamais eu d'autre amant que vous; or, tâchez de ne pas m'insulter. Casimir était pour moi un ami, un simple et innocent ami, pas davantage; et si votre calomnie s'est plu à en faire mon amoureux, cela est l'œuvre de votre jalouse humeur, parce que ne m'aimant plus et voulant vous débarrasser de moi, vous n'avez rien mieux trouvé, pour tromper vos juges, que d'inventer ce mensonge honteux. — Par exemple! lorsque je vous ai trouvés couchés ensemble, vous osez nier... — Tout, absolument tout!... Voyons, mon petit mari, pas de bêtise, et, autant pour la morale que pour le monde, remettons-nous ensemble. Je vous jure d'être à l'avenir la plus mignonne femme de la terre; remplie de prévenances pour vous, chaque matin je vous ferai votre café, je vous lirai le journal la Patrie ou le Constitutionnel, au risque de mourir d'ennui; l'hiver je vous chaufferai vos pantoufles, vous mettrai votre bonnet de coton, et, l'été, à la campagne, je vous tresserai de mes blanches mains des couronnes de roses pour orner votre front.

En disant ainsi d'un air calme, l'astucieuse Suzanne entourait de ses bras caressants le cou de son mari, et sur sa joue collait tendrement la sienne.

— Madame, vous avez beau faire, votre infidélité à la foi jurée nous sépare à jamais. Vous vous êtes fait maladroitement voler ce que vous m'aviez volé vous-même: ce qui prouve que bien mal acquis ne profite jamais. Tant pis pour vous; quant à moi, mes moyens ne me permettant plus de subvenir aux caprices d'une coquette de votre espèce, fichez-moi la paix et allez au diable! — Ah! vous le prenez sur ce ton... Est-ce sérieux? — Très-sérieux, madame, fit Grivois d'un ton sec et ferme. — Alors, à quelle somme doit s'élever la pension que vous allez m'octroyer? — A zéro. — C'est ce que nous verrons; les tribunaux... — Pourront me condamner, mais me faire payer, je leur porte mon défi. Dès demain, je me loge en garni, et mes rentes au porteur vous passent devant le nez, interrompit vivement Grivois d'un ton railleur. — Comment, scélérat! vous consentez froidement à laisser mourir de faim une belle femme comme moi, qui a daigné pousser l'abnégation de tout amour-propre jusqu'à se faire la moitié d'un magot de votre espèce? — Mais, oui, et même à m'en frotter les mains de joie. Ah! ah! un honnête homme consent à épouser une prostituée en l'espoir qu'elle saura gré à celui qui l'aura réhabilitée par vingt ans du monde, et cette femme ingrate, revenant à sa nature perverse, pour récompense d'une pareille abnégation, le trompera impunément, sans qu'il y ait pour elle ni honte ni punition! Non, ma chère dame, cela ne se passera pas ainsi; car, autant je vous aimais, autant je vous méprise maintenant! N'espérez donc plus de ma part qu'une froide pitié et un éternel oubli. — Puisqu'il en est ainsi, je vais de ce pas me jeter à la rivière, répondit Suzanne. — Allez! et que le ciel ait pitié de votre âme, dit froidement Narcisse. — Eh bien, non! ne fût-ce que pour vous faire enrager, je veux vivre, avoir des amants et passer mes jours dans le luxe et les plaisirs. — Comme il vous plaira. — Narcisse, une fois, deux fois, vous ne voulez plus de moi? — Cent fois non! fit Narcisse avec fermeté. — Allez au diable, alors, car vous ne méritez pas les bontés que je vous avais réservais.

Ayant dit, Suzanne s'éloigna en fredonnant une gaie chansonnette.

— Cocher, hôtel de Princes, hâtez-vous! votre maître, lord Darcy, m'attend à déjeuner, dit-elle en remontant dans la calèche qui l'avait amenée, et l'attendait à la porte de la demeure de son mari.

Allons, je suis content de moi, j'ai été digne et ferme: cependant je l'aime toujours, la malheureuse! mais c'est assez d'être cocufié une fois sans s'exposer à l'être deux.

Ainsi se disait Narcisse lorsque sa sonnette s'agita de nouveau, mais d'une façon modeste.

— Serait-ce par hasard ma coupable épouse qui reviendrait à la charge? N'importe! soyons implacable!

Il alla ouvrir et poussa un cri de joie et de surprise en reconnaissant Destigny.

— Vous de retour et chez moi, mon cher Edouard? soyez le bienvenu. — Moi-même, mon bon Grivois, qui viens vous demander conseil et protection. — A moi? voilà qui est curieux. Parlez, mon cher, que puis-je faire pour vous être agréable? — Narcisse, je suis veuf, dit tristement Edouard. — Je le sais, car prévenu par Boudinot de la mort de cette pauvre Stéphanie, je me suis fait un devoir d'assister à ses funérailles où vous seul manquiez à l'appel. Destigny, vous avez été cruellement sévère contre cette pauvre petite. — J'en conviens, mon ami, trop sévère, comme vous le dites; et pourtant elle avait fait le malheur de sa sœur et le mien, de sa sœur que j'adorais, et que j'aime encore, s'il faut vous l'avouer. — Oui, je comprends; vous gardiez rancune à Stéphanie que vous n'avez épousée que pour l'honneur de la famille. Mais chassons ces tristes souvenirs, et dites-moi vite ce que vous exigez de moi. — D'abord, voyez-vous nos amis de Livry? — Très-souvent. Ils sont si gentils, si bons! — Donnez-moi donc vite des nouvelles d'Armandine. — Armandine est toujours belle, bonne, adorable! — Et sa raison? s'informa Edouard avec crainte, hésitation. — Elle revient de jour en jour... Grivois, à quelle réception dois-je m'attendre en me présentant à Livry? car j'ai peur, mon ami, j'ai peur! — Vous avez peur? Moi je crois qu'on vous fera bon accueil, et que votre présence fera du bien à notre Armandine. — Vous pensez? — J'en suis certain. — Dites-moi encore : le peu de raison qu'a recouvré Armandine lui a-t-il permis de comprendre mon mariage avec sa sœur? — Certes! et même il a paru approuver d'avoir fait votre devoir. — Elle s'est donc rappelé l'incident qui a rendu ce mariage nécessaire? — Ce qui ne l'a pas empêchée de pardonner à Stéphanie, de la plaindre, en la sachant abandonnée de vous. — Pensez-vous, mon ami, qu'Armandine, de même générease envers moi, daignera me pardonner? — Allons ensemble nous en informer ; qu'en dites-vous? — J'allais vous en prier, mon bon Narcisse. — En voiture alors, répondit joyeusement Grivois.

XXXIII. — CONCLUSION.

— Dors, dors en paix! petit ange! car je veille sur toi! moi qui te tiendrai lieu de mère, qui t'aime comme elle t'aurait aimé si le bon Dieu lui avait permis de te connaître, de te presser sur son sein.

Ainsi disait Armandine, seule dans une chambre, assise près du berceau de son neveu, sur lequel elle fixait un regard tout empreint d'amour et de sollicitude.

— Dors! te dis-je, reprit-elle; pendant ton sommeil, je vais prier le ciel avec ferveur pour qu'il te ramène ton père, ton père qui t'aimera bien, mon doux petit.

Puis, après avoir clos les rideaux de la barcelonnette, la jeune fille s'agenouilla pour élever son âme à Dieu.

Tandis qu'elle priait avec ferveur, la porte de la chambre s'entr'ouvrit doucement, et la jolie tête de Benjamine apparut à travers l'ouverture.

— Tu pries le bon Dieu, chère sœur?... — Oui, pour mon petit neveu, répondit Armandine. — C'est gentil, et cela lui portera bonheur. Que demandais-tu au ciel pour lui? dit Benjamine. — Le retour de son père. — Ah! reprit la jeune femme tout en pénétrant dans la chambre, et si ta demande était exaucée, est-ce que toi-même reverrais Edouard sans déplaisir? — Pourquoi me demandes-tu cela, Benjamine? dit Armandine dont le visage venait de pâlir légèrement en fixant son amie. — Réponds d'abord à ma question. — Eh bien! oui! pour le gronder de sa longue et cruelle absence, pleurer avec lui la mort de Stéphanie, le consoler si je le voyais souffrir et se repentir. — Eh bien! Armandine, apprends qu'Edouard est de retour. — Il se pourrait! s'écria la jeune fille tremblante en portant ses deux mains sur son cœur, comme pour en contenir les violents battements. — Oui, il désire même te voir!... Le veux-tu, Armandine? — Attends, attends, Benjamine, car ma tête se trouble... Mon Dieu! est-ce que je vais redevenir folle? — Allons! je vois que tu n'es pas assez forte pour supporter sa présence, et je vais lui écrire... Non, n'en fais rien, amie : laisse-le venir, car je serai raisonnable. Oui, je sens que mon cœur qui l'a aimé d'un amour sincère, avec bonheur le reverra en qualité d'ami... Quand viendra-t-il, dis?... — Tout de suite, car il est ici avec M. Grivois, et, en ce moment, il attend au salon que tu consentes à le recevoir. — Va donc lui dire qu'il vienne embrasser son enfant... Va! va vite, Benjamine, répondit Armandine d'une voix que saccadait l'émotion.

Armandine, qui sentait ses jambes fléchir, se retenait après le berceau de l'enfant. Benjamine se retira pour aller chercher Destigny. — Mon Dieu! faites que mon cœur ne se trahisse pas! faites qu'il ne s'aperçoive pas que je l'aime encore d'un amour plus fort que ma volonté!

Ainsi disait Armandine restée seule, lorsqu'un bruit de pas se fit entendre.

La porte s'ouvrit, et Destigny, accompagné de Benjamine, se présenta aux regards de la pauvre fille tremblante.

Destigny marcha droit à Armandine, demeurée immobile et interdite; il lui prit la main et la porta respectueusement à ses lèvres.

— Votre fils, Edouard, à lui vos premières caresses, fit Armandine d'une voix timide, en découvrant le berceau de la main qui lui restait libre.

Destigny, alors, se pencha sur l'enfant endormi, le contempla d'un air heureux et lui donna un baiser.

— C'est un beau petit garçon qui vous ressemble, monsieur Edouard, dit Benjamine.

— Merci d'avoir veillé sur lui comme deux tendres mères. Je veux qu'il apprenne à vous chérir comme telles, et comme je vous chéris moi-même... Armandine, vous ne me dites rien, ajouta Destigny, est-ce que ma présence vous déplairait? — Non, Edouard, mais elle réveille dans mon cœur le souvenir de ma pauvre mère morte de chagrin, de ma sœur bien-aimée dont nous portons le deuil, et que tout cela est votre ouvrage. — O ciel! vous m'accusez, Armandine. — Oui, Edouard, si vous aviez été plus fort de vertu, nous n'aurions pas à déplorer la perte de deux êtres bien chers, et nous serions tous heureux aujourd'hui. — Armandine, je le vois, vous ne m'aimez plus ; je n'aurais jamais dû revenir, dit tristement Edouard. — Que serait donc alors devenu ce pauvre enfant? dit Benjamine en plaçant dans les bras de son père le petit être qui s'était éveillé. — Ah! vous avez raison ; je dois vivre pour le chérir, pour le protéger, car il est sans doute le seul être dont je puis espérer d'être aimé à l'avenir, répondit tristement Edouard. — Fort bien ; mais il faut une mère à cet enfant pour remplacer celle qu'il a perdue, et mon avis est que sa jolie tante remplirait parfaitement ce but, dit en entrant Narcisse, qui, depuis un instant, écoutait à la porte.

Paroles qui firent rougir et pâlir tout à la fois la pauvre Armandine.

— Grivois, ce bonheur ne peut m'être réservé: Dieu ne récompense pas les coupables, répondit Destigny, — Bah! Essayez d'interroger cette bonne Armandine ; peut-être ce bonheur n'est-il pas si éloigné que vous le pensez... Qu'en dites-vous, Boudinot? reprit Narcisse en s'adressant au jeune homme qui était entré en même temps que lui dans la chambre. — Moi, je pense qu'une pareille alliance désarmerait le courroux du bon Dieu, et qu'il rendrait bien contentes la mère et l'épouse défuntes, qui du ciel nous regardent en ce moment, répondit le mari de Benjamine. — Eh bien! mon ami, je pense ainsi que toi, fit cette dernière. — Et vous, Armandine, reprit Narcisse, ne voulez-vous pas devenir la mère de ce joli bambin? Allons, ne rougissez pas, ne baissez pas ainsi vos beaux yeux et répondez. — Edouard, la mort récente de ma sœur et le double deuil qui me suit m'interdisent le droit de consulter mon cœur et celui de vous répondre. Laissons au temps, ainsi qu'aux bons et mutuels procédés, le soin de cicatriser des plaies encore saignantes, et alors vous serez libre de m'interroger... Espérons, espérons! fit Armandine avec dignité.

Cette réponse se fit attendre une année entière, durant laquelle Edouard s'était efforcé de reconquérir le cœur et la confiance de la jeune fille par son assiduité constante auprès d'elle, par ses soins et les témoignages d'un amour sincère.

Armandine dont le cœur fidèle n'avait pu oublier son premier amour, tendit enfin une main amicale à Edouard, en lui disant avec le plus gracieux sourire :

— Edouard, je suis à vous; Dieu et ma sœur le veulent. Un doux et mutuel baiser scella ce pacte d'alliance; et un mois après, leur union s'accomplissait.

A propos! et Suzanne fut-elle de la noce? Non, car depuis neuf mois cette joyeuse héroïne habitait la Russie en qualité de Sultane favorite d'un jeune et riche boyard plus amoureux fou d'elle, et pour la décider à le suivre dans les glaces du Nord, lui avait, dit-on, assuré un sort brillant.

Narcisse, débarrassé pour toujours de son infidèle moitié, renonça à la conquête du beau sexe ; il se fixa auprès de Boudinot et de Benjamine, sous le même toit que Destigny et Armandine : tous ces amis ayant juré de vivre heureux ensemble!

FIN.

VERSAILLES.—IMPRIMERIE CERF, 59, RUE DU PLESSIS.

www.ingramcontent.com/pod-product-compliance
Lightning Source LLC
LaVergne TN
LVHW022212080426
835511LV00008B/1726